PARA UMA MORAL

SEM DOGMAS

Dados Internacionais de Catalogação na Publicação (CIP)
(Câmara Brasileira do Livro, SP, Brasil)

Ingenieros, José, 1877-1925.
    Para uma moral sem dogmas / José Ingenieros ;
[tradução Cláudio J. A. Rodrigues]. -- 1. ed. --
São Paulo : Ícone, 2009.

    Título original: Hacia una moral sin dogmas.
    ISBN 978-85-274-1044-1

    1. Dogmas 2. Emerson, Ralph Waldo, 1803-1882 -
Ética 3. Ética 4. Moral I. Título.

09-07609   CDD-170

Índices para catálogo sistemático:

1. Ética : Filosofia   170
2. Moral : Filosofia   170

José Ingenieros

PARA UMA MORAL

SEM DOGMAS

1ª Edição - 2009

© Copyright da tradução – 2009
Ícone Editora Ltda.

CONSELHO EDITORIAL
CLÁUDIO GASTÃO JUNQUEIRA DE CASTRO
DIAMANTINO FERNANDES TRINDADE
DORIVAL BONORA JR.
JOSÉ LUIZ DEL ROIO
MARCIO PUGLIESI
MARCOS DEL ROIO
NEUSA DAL RI
TEREZA ISENBURG
URSULINO DOS SANTOS ISIDORO
VINÍCIUS CAVALARI

TÍTULO ORIGINAL
Hacia una moral sin dogmas

TRADUÇÃO
Cláudio J. A. Rodrigues

DESIGN DE CAPA E DIAGRAMAÇÃO
Rodnei de Oliveira Medeiros

REVISÃO
Marcely de Marco Dantas

Proibida a reprodução total ou parcial desta obra, de qualquer forma ou meio eletrônico, mecânico, inclusive através de processos xerográficos, sem permissão expressa do editor. (Lei nº 9.610/98)

Todos os direitos reservados pela
ÍCONE EDITORA LTDA.
Rua Anhanguera, 56 – Barra Funda
CEP: 01135-000 – São Paulo/SP
Fone/Fax.: (11) 3392-7771
www.iconeeditora.com.br – iconevendas@iconeeditora.com.br

Índice

ADVERTÊNCIA, 9

DOGMATISMO E EXPERIÊNCIA, 11

I. *O QUE É DOGMA?, 11*

II. *OS DOGMAS REVELADOS, 14*

III. *OS DOGMAS RACIONAIS, 16*

IV. *CARÁTER SOCIAL DA EXPERIÊNCIA MORAL, 19*

V. *A RELATIVIDADE DO SABER EXCLUI O DOGMATISMO, 23*

VI. *OS RESULTADOS GERAIS DA EXPERIÊNCIA MORAL, 27*

EMERSON E SEU MEIO, 31

I. *UM MORALISTA, 31*

II. *O AMBIENTE PURITANO, 33*

III. *CHANNING E EMERSON, 39*

IV. *DECEPÇÃO COM A MODA FILOSÓFICA, 44*

V. *O TRANSCENDENTALISMO, 47*

VI. *GEOGRAFIA MORAL DOS ESTADOS UNIDOS, 52*

VII. *SARMIENTO E HORACE MANN, 56*

VIII. *A VIDA EM CONCORD, 60*

IX. *EMERSON E SARMIENTO, 63*

ORIENTAÇÕES MORAIS, 69

I. *UMA ÉTICA SEM METAFÍSICA, 69*

II. *A CRÍTICA DOS COSTUMES, 72*

III. *NECESSIDADE DE CARACTERES FIRMES, 78*

IV. *NÃO-CONFORMISMO E OBEDIÊNCIA, 81*

V. *Panteísmo, 85*
VI. *Ética naturalista, 87*
VII. *O otimismo e a perfectibilidade, 90*
VIII. *A confiança em si mesmo, 97*
IX. *A bela necessidade, 101*
X. *Função social do não-conformismo, 105*

A ÉTICA SOCIAL, 107

I. *Integração do pensamento emersoniano, 107*
II. *A autonomia da experiência moral, 112*
III. *Idealismo e perfectibilidade, 114*
IV. *O dogmatismo teológico exclui a perfectibilidade, 120*
V. *Valor social da heresia, 122*
VI. *A ética social nas Igrejas norte-americanas, 128*
VII. *Sua influência sobre as Igrejas imigradas, 131*
VIII. *O solidarismo, 135*

PARA UMA MORAL SEM DOGMAS, 139

I. *Independência da moralidade, 139*
II. *Uma associação religiosa livre, 141*
III. *Sociedades de cultura moral nos Estados Unidos, 143*
IV. *Alguns antecedentes do eticismo inglês, 147*
V. *As Igrejas éticas, 152*
VI. *O culto religioso da moralidade, 157*
VII. *Espontaneidade e evolução da moralidade, 163*
VIII. *Síntese do pensamento eticista, 167*
IX. *O porvir do eticismo, 169*

ANEXO, 173
ESBOÇO DE UMA MORALIDADE SEM OBRIGAÇÃO OU SANÇÃO, 173

JOSÉ INGENIEROS

Nasceu em Buenos Aires em 1877 e faleceu na mesma cidade em 1925. Médico, catedrático, cultivador dos estudos psiquiátricos, filosóficos e sociológicos, desenvolveu uma atividade múltipla e frutífera em todos esses campos. Suas obras tiveram vasta ressonância e influência em todo o continente americano. Filosoficamente, José Ingenieros foi a cabeça mais visível e prestigiada do positivismo. Nesta tendência sua obra abrangia, por um lado, a herança do positivismo autóctone, iniciado por Alberdi, Sarmiento e Mitre, e, por outro, o eco da corrente positivista europeia, especialmente de Spencer e Comte. "Ingenieros opunha-se – escreve Ferrater Mora –, em nome da ciência positiva, a toda Metafísica e concebia a Filosofia pura e simplesmente como uma síntese dos resultados da ciência, ou como uma hipótese subsequentemente retificável sobre o campo dos fatos positivos."

ADVERTÊNCIA

Estas lições sobre Emerson e o eticismo foram proferidas em junho de 1917 na cátedra de Ética, do professor Rodolfo Rivarola. O *"Centro de Estudantes de Filosofia e Letras" teve a gentileza de apresentar-me uma versão taquigrafada expondo a mim seu desejo em publicá-las; circunstância tão feliz permite-me salvar uma pequena parte deste trabalho invisível no qual todos nós professores temos consumida nossa atividade. Para corresponder melhor ao belo desejo do qual também compartilho, porque jamais falei a meus alunos de assuntos que não me interessam, revisei o texto, reescrevendo-o em parte,* festinantis calami, *e nele inserindo certos fragmentos aos quais só pude fazer alusão no decorrer do tempo.*

O leitor poderá notar um bom número de parênteses em temas incidentais; temas esses dos quais falamos sem possuir aquela memória feliz que constitui o segredo dos bons improvisadores, no entanto, estamos condenados a essas dispersões acidentais. Mas, ao ver escrito o que falamos, ficamos surpresos por nossa incapacidade de falar da maneira como escrevemos.

Se o leitor for amigável, sua simpatia não levará em conta esses deslizes durante a leitura e relevará, o que é evidente, alguma imperfeição do estilo.

Buenos Aires, julho 1917

DOGMATISMO E EXPERIÊNCIA

I.   *O QUE É DOGMA?*
II.   *OS DOGMAS REVELADOS*
III. *OS DOGMAS RACIONAIS*
IV. *CARÁTER SOCIAL DA EXPERIÊNCIA MORAL*
V.   *A RELATIVIDADE DO SABER EXCLUI O DOGMATISMO*
VI. *OS RESULTADOS GERAIS DA EXPERIÊNCIA MORAL*

I. O QUE É DOGMA?

Podem os homens viver *sob tensão* frente a uma moralidade cada vez mais imperfeita somente com a bússola dos ideais naturalmente derivados da experiência social? A humanidade poderá renovar de maneira indefinida suas aspirações éticas independentemente de todo imperativo dogmático? A extinção progressiva do temor às sanções sobrenaturais isentará os homens da execução severa de seus deveres sociais?

Submeto estas perguntas à consideração de todos os jovens que me ouvem. No mais, fato que não ignoro, cresce a cada dia a desconfiança frente aos dogmatismos tradicionais que o mundo feudal legou às sociedades modernas; e quero, por isso, elucidar essas perguntas, minuciosamente, para justificar esta sentença que considero independente de todo sistema teológico ou filosófico: *A vida em sociedade exige a aceitação individual do dever, como obrigação social, e a execução coletiva da justiça, como sanção social.*

Vocês são antidogmáticos e eu os aprovo; eu sempre compartilhei, por meu hábito de estudar incessantemente, da atitude antidogmática de vocês. Tudo aquilo que sabemos, tudo aquilo que nós ansiamos, pode ser superado por homens que estudam mais e que se sintam melhor. Aderir a um dogma, como os ignorantes e os preguiçosos costumam fazer, implica em negar a possibilidade de aperfeiçoamentos infinitos.

Será justo que perguntem, para entendermos melhor, que extensão dou ao termo dogma; creio antecipar-me ao seu desejo, definindo desde já. Conheço a inutilidade de todo raciocínio cujos termos são vagos e inexatos; compreendo que sem defini-lo desde o início, ficaria exposto de modo a que todos vocês atribuíssem um sentido divergente de meu pensamento, infeliz destino tiveram os filósofos que discorreram sem oferecer um valor preciso a suas palavras.

Em geral, diz-se que *um dogma é uma opinião imposta por uma autoridade.* Concordo. Por qual autoridade? A autoridade da revelação divina, afirmam os teólogos de cada Igreja, que reivindicam serem seus fiéis intérpretes; a autoridade da pura razão, argumentam os filósofos racionalistas, que acreditam serem os legisladores dessa entidade superior à comum razão dos homens. Em outro caso, teólogos e filósofos, concordam que os princípios básicos da moral, quer sejam eles teológicos ou racionais, seriam praticamente inacessíveis ao exame e à crítica individual, sendo concebidos como eternos, imutáveis e imperfeitos.

Poderíamos, dessa maneira, definir que: um dogma é uma opinião imutável e imperfeita imposta aos homens por uma autoridade anterior a sua própria existência.

A história da ética, desde sua formação até nossos dias, mostra-nos uma luta constante entre dois gêneros de sistemas dogmáticos. Alguns – teológicos e religiosos – punham seus princípios em *dogmas revelados* e cumpriram de maneira eficaz em certas épocas uma função social positiva; outros – filosóficos e independentes – partiam de *dogmas racionais* e nunca alcançaram a difusão necessária para terem influência sobre as crenças coletivas. Na prática, um dogma revelado tem sido a opinião *ne varietur* imposta pelos teólogos de uma igreja a seus respectivos adeptos; um dogma racional, a opinião *ne varietur* imposta por um filósofo a seus discípulos e admiradores.

A experiência moral leva-nos a negar a legitimidade dessas formas-limites da moralidade humana. Nenhum dogma poderia dizer "basta!" ao eterno desejo de perfectibilidade que move os homens e as raças; ninguém pode se opor ao desejo de ser incessantemente melhor, de aumentar a dignidade de cada um e a solidariedade entre todos. Negar essas dificuldades significa eximir o homem do cumprimento das obrigações implicadas no simples fato de viver em sociedade? Elimina a força das sanções com as quais julga-se a conduta dos indivíduos? De maneira nenhuma. O descrédito dos dogmas não deve gerar o afrouxamento da moralidade; este é o fato básico e permanente, aqueles são suas justificativas transitórias. Uma moralidade está implícita em toda a vida social, independentemente das doutrinas que pretendam explicá-la. A insuficiência das hipóteses não significa a existência dos fatos; os homens precisam ser morais para viverem associados, ainda que se tornem falsas as hipóteses dogmáticas com que se tem explicado essa necessidade.

Neguem, se este for o desejo, todos os sistemas teológicos ou racionais fundados na superstição ou no erro; eu os acompanho: Neguem, se este for o desejo, as falsas premissas que ordenaram de maneira inexata o dever e a sanção; eu os acompanho. E os acompanho, também, se vocês desejam negar todos os preconceitos que impedem o devir incessante por mais solidariedade e mais justiça entre os homens. Mas ao dividir essas negações legítimas quero mostrar-lhes que a vida social impõe o dever de viver moralmente, chocando a conduta com cânones severos, pois a única garantia dos direitos de cada um está em seu respeito firme por parte dos demais...

Uma nova etapa já teve início na evolução da ética. Os dogmas revelados dos teólogos e os dogmas racionais dos filósofos começam a ser substituídos pelos resultados perfectíveis da experiência social. Os novos deveres são sociais; e expressam toda a obrigação. A nova justiça é social; e expressa toda sanção. Aproximamo-nos do advento de um novo mundo moral, cujos valores estão sendo radicalmente transmutados pela experiência.

II. OS DOGMAS REVELADOS

A noção teológica de dogma é inequívoca; vocês podem ler seu exame metódico no excelente livro *A evolução dos dogmas*, de Guignebert, professor de História do Cristianismo na Sorbonne. Um dogma – diz – é, a um só tempo, uma verdade infalível e um preceito inviolável, revelado diretamente pela divindade ou por seus eleitos, ou indiretamente inspirada em homens que tinham qualidade particular para recebê-la. O dogma deve ser respeitado da maneira como foi definido, em conformidade com a inspiração divina, uma autoridade cuja competência é indiscutível; sua palavra expressa a verdade absoluta e deve ser objeto de fé imutável, visto que a divindade não se engana nunca nem pode enganar. "Esta é pelo menos a teoria. Revelação, autoridade, imutabilidade, são suas três qualidades principais. A razão, fundamento necessário dos dogmas filosóficos entre súplicas, não tem aqui outro papel que o de aceitar as posições dogmáticas e justificá-las se possível." Sabe-se que as Teologias e as Apologéticas não têm outra função senão a de serem destinadas a sistematizar e defender os dogmas das diversas religiões.

Essa doutrina, implícita em vários sistemas teológicos, em geral tem sido promovida pelos governos que alicerçam sua autoridade no direito divino. Doutrina absurda, completamente sem lógica segundo a história das religiões, cujos estudos convergem para a demonstração de que os dogmas variam e evoluem, como todas as crenças que povoam a mente humana; "um dogma, historicamente considerado, não se apresenta como um fato revelado pela divindade à ignorância do homem, mas como uma combinação laboriosa e sem cessar variável de uma coletividade humana; é, antes de qualquer coisa, um fenômeno social e acumula durante sua existência o trabalho da fé, às vezes bastante ativo, de muitas gerações", "um dogma é um organismo vivo, que nasce, desenvolve-se, transforma-se, envelhece e morre; a vida o arrasta, sem que possa jamais ser detido; e quando chega sua hora, "a vida separa-se dele, sem que possa retê-la". Isso foi-lhes ensinado, uniformemente, por Guignebért na obra citada, Haags, Giseler ou Harnack em seus livros sobre a história dos dogmas, para citar somente os textos menos antigos e mais acessíveis.

Toda ética fundada em uma teologia é, por definição, dogmática. Quem diz dogma, procura invariabilidade, imperfectibilidade, impossibilidade de crítica e de reflexão. Quem aceita que os princípios básicos de sua moral estejam formulados em uma revelação, na de sua Igreja, e não na das outras, reconhece que seus preceitos são mandamentos sobrenaturais ou divinos, alheios à possibilidade de aperfeiçoá-los, desde que os acate como a própria perfeição. O dogma não deixa ao crente a menor liberdade, nenhuma iniciativa; um verdadeiro crente, pelo simples fato de sê-lo, reconhece que, fora dos preceitos dogmáticos, é inútil qualquer esforço para o aperfeiçoamento moral do indivíduo ou da sociedade.

Não podemos conceber uma religião que não tenha sido ao mesmo tempo um sistema de moral. Toda crença coletiva no sobrenatural implicou a noção de obrigações. Os deuses têm sido modelos dignos de imitação ou amos que reclamavam obediência e tributos; cada teologia prescreveu regras à vida humana em nome desses modelos ou amos sobrenaturais, impondo seu cumprimento estrito. Para os dogmas teológicos o dever é uma condição imposta aos homens pela própria divindade; a obrigação é de origem sobrenatural.

O mesmo caráter apresenta a sanção. Os deuses não ficam indiferentes à conduta dos homens. Velam pelo cumprimento das obrigações que impuseram, são juízes. São a autoridade suprema diante da qual as ações humanas encontram castigos ou recompensas inapeláveis, autoridade superior a todas as justiças falácias que a razão humana pode inspirar. Presume-se que nenhum ato pode iludir a onisciência ou a onividência divina; a segurança dessa sanção é o elemento coercitivo que compele os homens ao cumprimento da obrigação.

O caráter sobrenatural da obrigação e da sanção, dos deveres e da justiça, exclui das éticas religiosas a possibilidade de seu próprio aperfeiçoamento. Se são reveladas devem ser aceitas como perfeitas, dada a perfeição que se atribui ao ser que as revela; não poderíamos nomear nenhuma religião que admita a imperfeição e reconheça a perfectibilidade de seus próprios dogmas morais.

III. OS DOGMAS RACIONAIS

A noção racional de dogma, ainda que menos explícita, é equivalente à teológica. Parte de uma premissa transcendental: a existência de uma razão perfeita ou pura, anterior à experiência individual ou social. Essa razão tem leis que permitem estabelecer *a priori* princípios fundamentais de moral, anteriores à moralidade efetiva dos homens; estes devem ser morais, imperativamente, e devem sê-lo ajustando seus princípios eternos e imutáveis da razão.

Este gênero de dogmatismo, definido já na filosofia grega, reapareceu periodicamente nas sociedades cristãs como uma rebelião contra o dogmatismo teológico; em vez de pôr na revelação a fonte de autoridade, colocou-a na razão; em vez de serem os teólogos, os legisladores inspirados por Deus, os filósofos apresentaram-se como os legisladores inspirados pela razão.

A bela atitude de rebeldia custou a muitos filósofos o exílio, a prisão, a fogueira. Mas a justa admiração não deve nos cegar.

Ainda que revolucionárias para sua época, podemos considerar que hoje no século XX, suas doutrinas seriam logicamente falsas e eticamente inúteis. Educados nas mesmas disciplinas que combatiam, viram-se na necessidade ineludível de pensar ajustando-se à conformação anterior de sua inteligência; e a um dogmatismo opuseram outro dogmatismo; as prescrições *ne varietur* da revelação divina, as prescrições *ne varietur* da razão *a priori*. Contra as receitas de moral eterna que os teólogos formavam em seus gabinetes, os filósofos racionalistas formularam em seus próprios gabinetes outras receitas igualmente eternas. Aos mandamentos de Deus, opuseram os mandamentos da razão; ao imperativo teológico, o imperativo racional.

Por uma inexplicável submissão às crenças vulgares, os filósofos inclinaram-se a atribuir a seus princípios de ética racional os mesmos caracteres que os teólogos aos princípios de ética revelada: eternidade, imutabilidade, indiscutibilidade, imperfectibilidade.

Haveria certa injustiça em confundir a significação histórica dos dogmas teológicos e dos dogmas racionais prescindindo das éticas anteriores ao cristianismo, as teologias não são apresentadas a nós como corpos de doutrina conservadores, subordinando à ética a autoridade da igreja; as filosofias racionalistas têm, por outro lado, o caráter comum de verdadeiras heresias, algumas vezes mais rebeldes, outras mais hipócritas, mas sempre fora de conformidade com os dogmas revelados.

Durante a Idade Média não há na cristandade um nome de moralista independente que mereça ser citado, com exceção, talvez única, de Eckhart, que no início do século XIV pôs em circulação um misticismo panteísta declarado herético pela igreja romana. Chega o renascimento e os moldes da teologia escolástica são rompidos; os filósofos contemplam a natureza ou o espírito, independentemente dos dogmas religiosos. Averróis insinua a doutrina da religião natural, que mais tarde reaparece em Spinoza. O aristotelismo encontra seu representante em Bacon e tem continuidade em toda a escola dos moralistas ingleses, que culmina em Hobbes, Locke, Shaftesbury e nos escoceses Hutcheson, Hume, Smith; a corrente neoplatônica transforma-se no racionalismo, com Descartes e Malebranche, na França, ao mesmo tempo em que aparecem com caracteres próprios Leibniz e Wolff, na Alemanha. E assim, lutando os filósofos independentes contra a teologia dogmática, o século XVIII vê surgir o racionalismo inglês, o enciclopedismo francês e a filosofia das luzes na Alemanha. Cauteloso o primeiro, revolucionário o segundo, abstrata a terceira, predomina em todos o afã inquieto de pôr na razão os fundamentos da moral que até então residiam na revelação. Vocês sabem que Kant elaborou em sua *Crítica da razão prática*, o monumento mais grandioso concebido pelo homem até então; estou muito longe de querer dizer, com isso, que em nossos dias possam ser considerados aceitáveis os fundamentos racionais e apriorísticos de seu sistema.

Kant quis dizer que a moralidade é uma exigência da razão para o bem da sociedade, ou que a existência social exige a formação racional de uma ética?; são pareceres opostos, e sobre eles não conseguiram entender-se os que se creem seus continuadores. Mas é visível que o século XIX pronunciou-se pela segunda interpretação, que é a menos kantiana das duas. Cremos antes que o patriotismo dos filósofos alemães, empenhados em colocar Kant no centro da história filosófica universal, está e continuará disposto a ver em Kant todos os germens das mais contraditórias filosofias do porvir: vocês sabem que o culto a Kant tem vestais em escolas filosóficas irreconciliáveis em sua pátria.

Assim como Tomás pode representar o momento culminante da teologias escolásticas, Kant simboliza o mais alto esforço da filosofia racionalista. A moral, antes ditada aos homens pela própria divindade, aparece categoricamente imposta ao homem pela pura razão.

Chame-se Hume, chame-se Helvécio ou chame-se Kant, sublinhem todas as divergências inconciliáveis dos filósofos independentes e encontrarão neles sempre em suas concepções da moral um denominador comum: sua emancipação da teologia.

Qualquer um deles constitui-se num tipo de moralista herético; a moral dos três é, antes de qualquer coisa, individual e pretende ser demonstrável pela razão. A crítica e o livre exame engendram-nas, em oposição ao dogmatismo religioso; lembrem-se que, para Kant, a própria religião é uma necessidade racional e não um antecedente da moralidade.

Em alguns desses moralistas independentes aparece postulada a perfectibilidade humana e aumentado o valor do próprio homem; os que não partem da razão, mas da natureza, além de substituir os mandamentos divinos por mandamentos humanos, tendem a substituir suas fontes sobrenaturais por fontes naturais.

A afirmação intensiva da personalidade, mais tarde absorvida por todas as literaturas românticas, uniu-se o conceito novo do dever; já não se percebe nele o simples acatamento a uma vontade estranha, mas a obediência do homem em si mesmo. E esse tipo de ética individualista foi, em geral, um retorno à mais elevada ética não professada por nenhuma outra escola – a não ser a dos estóicos –, que coloca o culto da dignidade pessoal como norma diretriz da conduta.

Assim como a obrigação é pessoal, a sanção é pessoal; não está mais relegada ao sobrenatural, não se traduz necessariamente em penas e castigos depois da morte, mas faz do homem o juiz de si mesmo, julgado constantemente por sua própria consciência moral. Nestas éticas emancipadas da teologia, a razão suplantou à divindade.

IV. CARÁTER SOCIAL DA EXPERIÊNCIA MORAL

Os sistemas éticos racionais que se apartaram do dogmatismo religioso, afirmando a possibilidade de uma moral independente, não conseguiram a menor difusão social, recrutando seus partidários entre uma minoria esclarecida, estreita muitas vezes o círculo exíguo dos aficionados a leituras filosóficas.

Essas adesões essencialmente qualitativas carecem de medida quantitativa na sociedade. Por quê? Para mim, pelo caráter negativo das éticas racionais; são forças dissolventes do passado teológico, mas nada construíram para o porvir; tanto mais, tanto menos, são essencialmente individuais, quando não individualistas.

As morais religiosas tinham em seus dogmas afirmativos uma força de coesão social; e mesmo que nunca pusessem seus fundamentos na sociedade, a não ser no sobrenatural, desempenhavam uma função socializadora da obrigação, impondo normas de conduta apropriadas para facilitar a convivência humana dentro de um dado regime social.

As morais individuais, pondo na consciência moral do homem a medida da obrigação e da sanção, carecem de valor social. Concebe-se, e é a própria evidência, que determinados indivíduos possam viver virtuosamente, de maneira santa, sem necessidade dos dogmas morais que oferecem as religiões; mas é difícil conceber que todos os homens sejam capazes de dirigir sua conduta para o bem sem receber nenhum impulso alheio a sua própria razão pessoal. Seria suficiente lembrar o dano que três moralistas individualistas do século XIX causaram entre seus poucos adeptos. Sthendal com seu diletantismo moral, Schopenhauer com seu ceticismo pessimista e Nietzsche com seu individualismo sobre-humano, fizeram estragos morais entre jovens literatos que se consideravam gênios e acreditavam serem autorizados a prescindir de toda obrigação moral, seja por ser elegante fazê-lo assim, seja por ser absurdo respeitar com valores reais a valores ilusórios ou seja somente porque os escravos deviam sujeitar-se ao dogmatismo social.

Todos os esforços dos filósofos para construir uma moral teórica racional ressentiram-se de função eficaz, foram atitudes individuais, praticamente negativas; e na sociedade não é possível destruir crenças fundadas em sentimentos seculares e interesses reais, sem substituí-las por outras que possam satisfazer os sentimentos e interesses que aquelas sustentavam. Uma moral de gabinete não pode substituir uma crença social; por admirar a *Ética* de Spinoza ou a *Crítica da Razão Prática* de Kant como prodigiosos poemas de lógica racional, sem acreditar que sejam suscetíveis a dar nova orientação à moralidade dos homens, nem a satisfazer seu sentimento místico. Os filósofos elaboraram hipóteses éticas para filósofos; somente a humanidade – em sua incessante experiência – pode elaborar éticas efetivas para a humanidade. Para que sejamos compreensíveis: *toda ética efetiva tem sido um resultado natural da experiência social.*

Os dogmas teológicos e os dogmas racionais apresentam-se diante de nós como simples explicações inventadas por certos homens para subordinar a experiência a determinadas hipóteses metafísicas. São esquemas *a posteriori*, ainda que pretendam anunciar princípios *a priori.* Ao serem formulados prescindiu-se do fato mais universal e constante: a continuidade indefinida da experiência moral, distinta de cada sociedade, variável em todo o tempo. Os dogmas, fora de seu lugar e momento originários, surgem diante de nós como esqueletos fósseis de morais já extintas; ressentem-se da vitalidade que em sua origem puderam prestar-lhes as crenças religiosas ou filosóficas dos homens que os formularam.

A moralidade efetiva é um produto social e renova-se incessantemente como as sociedades em que desempenha uma função. É a experiência da ação, do sentimento, vivida por homens. Não é um esquema lógico perfeito de princípios dialeticamente demonstráveis uma vez para sempre; é seiva que chega a todos os indivíduos que compõem a sociedade e por isso aprende-se pela imitação, ensina-se pelo exemplo. Abstrair a moralidade da vida real, é matá-la. Os dogmas teológicos são como a obra de um geólogo que para estudar o curso de um rio começa a pôr nele um dique para deter suas águas; os dogmas racionais equivalem à opinião de um biólogo que para compreender as funções da vida humana resolve destilar um cadáver em um alambique. E os análogos são exatos. Os dogmas revelados colocam a experiência moral no dique da Revelação; os dogmas racionais pretendem extrair sua hipotética quintessência no alambique da Razão.

Creio que a ética do porvir será, por outro lado, uma ciência fundamental e adotará o método genético; somente assim chegará a emancipar a consciência moral da humanidade de todo dogmatismo teológico ou racional, demonstrando que a moralidade é um resultado natural da vida em sociedade. Submetida, como toda outra experiência, a um processo de evolução incessante, a moral não pode ser fixada nas fórmulas mortas de nenhum catecismo dogmático, nem nos esquemas secos de nenhum sistema apriorístico; vai se formando, transforma-se na própria natureza, e é o estudo da experiência moral passada o que nos permite compreender a experiência presente, como nesta podemos entrever a do porvir. Esta dupla condição de espontaneidade e de perfectibilidade, alheia à toda força intrínseca ou sobrenatural, não imitável por preceito algum, põe a moralidade no topo do humano. Por isso as filosofias panteístas menos imperfeitas identificam-na com a própria divindade e contemplam todo aperfeiçoamento ético do homem como uma passagem para o Divino, cujas fontes e cuja essência difundem no universo infinito, na Natureza.

O velho conflito entre as morais teológicas sobrenaturais e as morais individualistas racionais pouco perturba os contemporâneos; é uma questão histórica. O problema atual da ética é outro: é sobre como a experiência moral coordena os direitos individuais e deveres sociais, as relações entre o indivíduo e a sociedade.

Conserve-se ou não os dogmas religiosos, que se interprete desta ou daquela maneira os fundamentos racionais da moral, qualquer um dos métodos indicados que se preferir, para estudar seus problemas, os moralistas contemporâneos convergem a afirmar o *caráter social da ética*. É um fato que escapa a toda discussão: basta ler qualquer manual de ética escrito nos últimos anos para se observar que a *obrigação social e a sanção social* ocupam um lugar de destaque.

Isso já passou ao domínio das noções não controvertidas. Quanto ao critério e ao método para estudar a experiência moral, se excetuarmos aos escritores religiosos, os demais parecem corroborar com a ideia de que *a ética é uma ciência social, acessível à investigação histórica e aos métodos científicos.* Cada sociedade, e em cada momento de sua evolução, teve valores morais diversos, que variaram conjuntamente com a experiência social; partindo disso passamos a delinear o estudo da experiência moral como uma pura e simples história dos costumes.

Dessa experiência, sem cessar renovada e infinitamente perfectível surgiram, e continuaram a surgir, os juízos de valor que qualificam a conduta, as normas do dever e os conceitos de justiça, quer dizer, tudo o que é obrigação e sanção, sempre relativas a cada sociedade.

Por um processo espontâneo, já acentuado no último século, os moralistas tendem a separar a experiência moral da experiência religiosa e a emancipar seu estudo de toda complicação metafísica. A ética vai adquirindo autonomia própria fora dos domínios do sobrenatural e do abstratamente racional. Existem já, com limites bem definidos, uma ciência dos costumes e uma ciência das religiões, dedicadas ao estudo de duas experiências particulares que se desenvolveram paralelamente dentro da experiência social.

V. A RELATIVIDADE DO SABER EXCLUI O DOGMATISMO

Muitas pessoas de parca perspicácia e limitado esclarecimento supõem que a ciência dos costumes e a ciência das religiões têm por objeto estabelecer dogmaticamente os princípios definidos, *ne varietur,* da moral que devemos praticar ou da religião que devemos crer. Aqueles que desejam ou temem esse "dogmatismo científico" são pessoas incultas, que não tendo estudado jamais nenhuma ciência acreditam que a Ciência – com maiúscula e em abstrato – seja uma entidade metafísica suscetível a fixar novos dogmas que substituam aos antigos dogmas. Nós que estudamos algumas ciências pensamos exatamente o contrário; sabemos que elas propõem uma integração progressiva e incessante da experiência em cada domínio da realidade, valendo-se para isto de métodos cada vez mais precisos; esses métodos, cuja aplicação distingue o homem científico do homem loquaz, permitem diminuir a quantidade de erro contido nas hipóteses com que a inteligência humana aventura-se a explicar os diversos problemas não resolvidos pela experiência. Isto equivale a afirmar a relatividade dos conhecimentos científicos, a perfectibilidade dos métodos e dos resultados, o absurdo de toda crença absoluta, indiscutível e irrevogável.

Convém indicar, lealmente, que esta *afirmação da relatividade do conhecimento*, não é exclusiva das ciências contemporâneas, nem mesmo é o privilégio de determinada escola metafísica; o positivismo, o criticismo neokantiano, o evolucionismo, muitos neo-espiritualismos, o pragmatismo, postularam isso com igual firmeza ainda que por motivos bastante diversos. Em todos os casos apresenta-se como antítese que se chamava dogmatismo para a metafísica clássica, por oposição ao ceticismo. Que se conserve seu velho nome de "probabilismo", ou que se dê o moderno nome de "relativismo", mas tenha-se em mente que as ciências são por necessidade "antidogmáticas". Os homens que as cultivam não se propõem resolver a insolúvel disputa metafísica dos dogmáticos e dos céticos sobre o valor do conhecimento em si.

Este modo de ver é o adotado por todos os homens de ciência dignos desse nome; a verossimilhança do saber científico é fruto de uma crítica incessante aplicada a experiências sem cessar renovadas.

Por ora ouçam estas palavras com que William James respondia aos que lhe acusavam de contemporizar com o ceticismo, em seu conhecido livro sobre a *Experiência Religiosa*: "Quem reconhece

PARA UMA MORAL SEM DOGMAS

a imperfeição do próprio instrumento de investigação e a considera ao discutir suas próprias observações, está em posição muito
melhor para chegar à conquista da verdade, do que o que proclama
a infalibilidade de seu próprio método. Acaso é menos duvidosa
de fato a teologia dogmática e escolástica por que se proclama
infalível? E, pelo contrário, que domínio sobre a verdade perderia
realmente esta teologia se em vez da certeza absoluta pretendesse,
para suas conclusões, uma probabilidade razoável? Proclamá-la
equivale a afirmar que os homens que amam a verdade podem,
sempre e em qualquer momento determinado, esperar alcançá-la,
e indubitavelmente estaremos mais prontos a sermos donos dela
porque nos damos conta de que estamos sujeitos ao erro.

"Contudo, o dogmatismo continuará condenando-nos por uma
confissão semelhante. A pura forma exterior da certeza inalterável
é tão apreciada por algumas mentes, que não podem renunciar
explicitamente a ela. Estas mentes a reclamariam mesmo quando
os fatos pronunciassem de um modo patente sua loucura. Porém,
o caminho mais seguro é o da admissão de que todos os modos
de ver de criaturas efêmeras, como os homens, devem ser por necessidade provisórios. O mais sábio dos críticos é um ser sempre
variável, exposto continuamente a ver melhor o amanhã, e que só crê
estar com a verdade porque a concebe de uma maneira provisória,
relativamente ao momento ou à época em que a pensa. Quando
diante de nós abrem-se novos horizontes de verdade, certamente
é melhor que estejamos em condições de contemplá-los sem que
nossas convicções anteriores nos ceguem."

Como podem ver, ao aplicar os métodos científicos ao estudo
do sentimento religioso, James afirmou um antidogmatismo radical; ao dizer que não é possível alcançar jamais nenhuma verdade
"imodificável", sobretudo, no que diz respeito a questões éticas, os
métodos científicos evitam o perigo – historicamente comprova-
do – de perder um pouco de verdade possível, pela pretensão de
possuí-la completamente.

A verdade vai se formando, incessante e ilimitadamente, em todos os domínios de nossa experiência. Aqueles que imaginam que exista alguma ciência acabada revelam ignorá-la; é tão ingênuo o disparate dos que creem que as ciências resolveram todos os enigmas da natureza, como o daqueles que esperam adivinhá-los sem estudar previamente os resultados das ciências que estão relacionados a eles.

Os bons métodos, que permitem evitar alguns dos erros nos quais incorreram nossos predecessores, são um caminho e não um fim. Por esse caminho poderá chegar a humanidade à extinção do dogmatismo. Dissemos que o dogma é uma verdade infalível e um preceito fixo, sustentado pelo princípio de autoridade e considerado imutável; as ciências morais do porvir não formularão verdades nem preceitos que tenham essas características. O homem que pretendesse pôr suas opiniões de fora da inspeção da experiência futura, revelaria não ter as noções mais elementares do método científico.

Há muitos anos insisto na progressiva extinção do dogmatismo nas filosofias do futuro, que estão cada vez mais bem fundamentadas nos resultados perfectíveis da experiência científica. "As ciências – disse – são impessoais. O princípio de autoridade não pode impor erros; a aplicação dos métodos científicos impedirá que o pensamento futuro incorra em novos dogmatismos que obstruam o fomento de nossa experiência e a formação natural de nossos ideais." Por isso não concebemos uma das filosofias do futuro como sistemas de verdades demonstradas, mas como *"sistemas de hipóteses* para explicar os problemas que excedem a experiência atual e possível, que concorda, com as leis demonstradas pelas ciências particulares". Qualquer dogmatismo é inimigo da verdade; conceber uma filosofia científica *ne varietur,* como os dogmas teológicos e racionais, seria absurdo, pois a experiência e as hipóteses integram-se e retificam-se incessantemente: *"é um sistema em formação contínua. É constituída de métodos, mas não de dogmas; corrige-se incessantemente,* conforme varia o ritmo da experiência". Por tudo isso, acreditei ser legítimo interpretar a filosofia do futuro como "uma metafísica da experiência". Se puder estabelecer seu programa e seu método dentro de alguns anos, se ainda estiver vivo[1]; seus resultados definitivos, jamais, porque os concebo indefinidamente perfectíveis.

VI. OS RESULTADOS GERAIS DA EXPERIÊNCIA MORAL

Apliquem estas ideias à ciência que estuda a *experiência moral* e compreenderão exatamente o que significará a *moral sem dogmas* do futuro; não somente sem dogmas religiosos, mas também sem dogmas racionais. Imaginem que essa experiência é distinta em cada sociedade humana e em cada momento de sua evolução e poderão compreender a inevitável *variação dos ideais de perfeição moral* que os homens construirão hipoteticamente sobre sua experiência incessantemente renovada.

A negação de formas-limites que contenham o natural desenvolvimento da experiência moral será proveitosa para o aumento da moralidade entre os homens. A própria vida social, múltipla e diversa, incessantemente renovada, determina a transmutação ativa dos juízos de valor que em cada momento e lugar constituem as normas da moralidade real; o bem e a virtude de ontem podem não ser o bem e a virtude de amanhã. Por que limitaríamos com dogmas rígidos o futuro de novas formas da moral e do direito, sem cessar renovadas da experiência social? Poderíamos ajustar o porvir a moldes dogmáticos construídos sobre a experiência do passado? E se outrora foram hipóteses legítimas, poderíamos sacrificar a elas todas as possibilidades e as esperanças que nascem da experiência atual e vindoura? Ninguém poderia afirmar que os ideais já alcançaram suas fórmulas definitivas; ninguém poderia dizer que a experiência moral culminou nas manifestações insuperáveis. Não pode o indivíduo aumentar seu coeficiente médio de virtude, de dignidade, de livre iniciativa? Não pode na sociedade desenvolver mais generosamente a solidariedade, a cooperação, a justiça? É possível, dizemos, maior moralidade. É possível; é necessária. E para alcançá-la não servem os secos dogmas da teologia e da razão. A experiência social ultrapassa-os e viola-os.

Contudo, é indispensável que distingamos o antidogmatismo do imoralismo; seria absurdo e nocivo crer que a negação dos dogmas deve levar ao relaxamento da moralidade; desejamos, precisamente, o contrário. Os homens devem afastar-se deles, porque sem eles podem ser mais morais e não para deixar de sê-lo na pequena medida em que o são.

Este é, parece-me, o sentido da evolução moral, no presente momento, na minoria culta da humanidade. Não expresso aqui um desejo nem uma teoria, mas um resultado que deduzo do exame da experiência social. O processo já existe, para bem dizer; é possível indicar sua orientação e observar alguns sinais inequívocos. Há homens que buscam a mais alta moralidade com inteira independência de todo imperativo dogmático.

Creio que da ética contemporânea podemos tirar quatro conclusões gerais, independentes de todo dogmatismo. Não são antecedentes, mas resultados da experiência.

1º – *A naturalidade da moral.* – A experiência moral desenvolve-se naturalmente nas sociedades humanas, como condicionamento necessário das relações entre o indivíduo e sociedade.

2º – *A autonomia da moral.* – A experiência moral não está condicionada por dogmas revelados nem por dogmas racionais, tendendo a emancipar-se deles no futuro.

3º – *A perfectibilidade da moral.* – A experiência moral não está limitada pela revelação nem pela razão, aperfeiçoa-se em função da experiência social, tendendo a adaptar-se as suas condições incessantemente variáveis e renovando sem cessar os juízos de valor em que se fundam a obrigação e a sanção.

4º – *A soberania da moral.* – A vida em sociedade, que exige a obrigação social e o cumprimento coletivo da justiça, como sanção social.

Para explicar de que maneira esses princípios são inferidos da própria experiência moral, afastarei-me, deliberadamente, dos métodos clássicos e livrescos. Não me ocuparei em discutir doutrinas, nem em argumentar com habilidade dialética, nem sequer em exibir a impressionante erudição com que frequentemente enche-se o vazio mental.

Estudarei, geneticamente, um ciclo dado de experiência moral: seu apostolado, a sociedade em que atuo, sua influência imediata, o eco distante de suas doutrinas e o entroncamento destas com outras similares da ética contemporânea. Assim, passo a passo, veremos a formação das conclusões enunciadas: a naturalidade, a autonomia, a perfectibilidade e a soberania da experiência moral.

EMERSON E SEU MEIO

I. *Um moralista*
II. *O ambiente puritano*
III. *Channing e Emerson*
IV. *Decepção com a moda filosófica*
V. *O transcendentalismo*
VI. *Geografia moral dos Estados Unidos*
VII. *Sarmiento e Horace Mann*
VIII. *A vida em Concord*
IX. *Emerson e Sarmiento*

I. UM MORALISTA

A vida, as doutrinas e a ação social de Emerson, permitir-nos-ão compreender que a moralidade humana pode se expandir sem a tutela de qualquer dogma; mais ainda, a subordinação da moralidade aos dogmas que costumam complicá-la é um obstáculo constante ao livre desenvolvimento de nossa experiência moral. O caminho do erro não é o que melhor conduz à virtude.

Com as palavras finais de seu expressivo ensaio sobre *A soberania da moralidade* – palavras vagas, certamente, como de poeta – Ralph Waldo Emerson sugere, em poucas linhas, os múltiplos sentidos místico e otimista, social e humano, natural e panteísta, que em suas rebeldias de estudioso, em sua ação de reformador e em seus lirismos de poeta, permite-nos reconhecer um dos moralistas mais intensos do século XIX. Diz ele: "O homem que se acostumou a olhar a extrema variabilidade de sua condição, a manejar com suas próprias mãos seus bens, suas relações e suas opiniões, a voltar ao princípio de todas as coisas em busca da Lei Moral; esse homem iludiu as trapaças do ceticismo; tudo que existe de mais comovente e sublime em nossas relações, em nossa felicidade, em nossas infelicidades, tende realmente a elevar-nos a essa vida excelsa, e, se é possível chamá-la assim, sobre-humana".

Moralista intenso, dissemos, embora não criador, Emerson pertence à família dos homens representativos no sentido mais rigoroso do conceito; não é possível avaliá-lo sem conhecer o meio social e religioso no qual se desenvolveu. A simpatia que inspira não é provocada somente por seus escritos, mas pela ação de sua vida como um todo, atuante como uma levedura de renovação moral num ambiente anglo-americano; persistem até hoje na orientação ética de sua raça, aperfeiçoando-se incessantemente, algumas direções básicas por ele impressas ou representadas.

Emerson, mais apóstolo que doutrinário, não escreveu nenhuma página que por seu rigor de raciocínio evoque-nos as luminosidades, às vezes frias, de um Spinoza ou de um Kant; mas tal como foi, imaginativo e nebuloso, soube condensar em suas palavras esse calor de metal candente que, a todo tempo, polarizou em inumeráveis afirmações positivas a secular experiência religiosa da humanidade. Foi moralista porque procurou salvar a moral do naufrágio dos dogmas que a entorpeciam; foi moralista porque infundiu a toda uma época uma ideia-força do dever humano, quando viu decair a crença supersticiosa do dever sobrenatural; foi moralista – sobretudo – porque conviveu em harmonia com os princípios que aceitava como melhores. Vocês sabem que é a maior das imoralidades pregar a outros as virtudes que não se praticam, segundo o cínico conselho dos teólogos: "Faça o que digo, não o que faço".

Por isso Emerson não está colocado na história das religiões, mas na história da ética. Porque a característica fundamental de seu pensamento, não obstante expresso em formas de calorosos sermões, foi, precisamente, emancipar a consciência moral da humanidade de todo dogmatismo teológico, demonstrando que a moralidade, como fenômeno autônomo, é um resultado espontâneo da natureza e da vida em sociedade.

Por estas palavras, pelas quais procurei dar uma impressão primeira e aproximativa do pensamento emersoniano – que em breve analisaremos e veremos frutificar – é fácil observar que seu anseio de emancipar a ética da religião levou-o a conceber uma verdadeira religião natural da moralidade, acentuadamente mística, profundamente panteísta, ávida por acrescentar a bondade e a alegria no indivíduo e na sociedade: um e outra concebidos, como instrumentos e fins, a um só tempo, de toda vida intensa e ascendente.

II. O AMBIENTE PURITANO

O emersonismo é de difícil compreensão, sem que conheçamos o ambiente moral em que floresceu; com efeito, não tenho a intenção de chegar a um juízo lógico sobre as doutrinas de um teorizador, nem mesmo a um juízo filosófico sobre a magnitude de um esquema metafísico. Esses diversos aspectos da crítica, às vezes mais literários e outras mais eruditos, não bastam, em meu parecer, para compreender o significado de uma nova orientação de sentimento sociais, que, no caso particular, parece-me o mais fundamental do emersonismo. É preciso buscar longe, na genealogia de sua raça, os germens que determinam seu aparecimento.

Um novo sentido foi impresso aos ideais da sociedade humana pelos puritanos que buscaram seu primeiro refúgio na Holanda, antes de emigrar para a América do Norte; quando os dissidentes da igreja Anglicana, inspirados por John Robinson, fundaram em Leyden sua própria Igreja (1608), já estava fixado o espírito que os peregrinos da *Mayflower* transportariam para além-mar, para fundar sua Igreja em Plymouth (1620). O primeiro exílio na Holanda gerou condições de vida incompatíveis com a intolerância e com o egoísmo; as últimas palavras com que Robinson proferiu aos que emigravam foram recomendações de austera rigidez na conduta e de bondosa flexibilidade na doutrina: nenhuma revelação divina podia ser considerada completa e definitiva; nem Cristo impedia que se ouvisse a Lutero, nem esse a Calvino, nem este a outros que traziam uma boa mensagem aos homens... E assim como os puritanos acreditavam serem os escolhidos da cristandade, os imigrantes chegados à Nova Inglaterra acreditavam serem, por sua vez, os eleitos do puritanismo.

Suas colônias foram uma comunidade no duplo sentido, religioso e social. A luta contra a natureza foi rude nos primeiros anos. O cristianismo, mais que um culto do sobrenatural, foi para esses homens um vínculo espiritual de solidariedade; e, pouco a pouco, eles acostumaram-se a dar um sentido essencialmente cívico aos deveres evangélicos. A comunidade foi o objeto essencial da devoção; todas as virtudes foram públicas. Ninguém se preocupava com os problemas dogmáticos que na Europa agitavam o mundo religioso; não teriam tido nenhuma aplicação na melhoria da vida humana nas colônias. "A inquisição católica está sempre inquieta com o que se pensa; a inquisição puritana, com o que se faz." As diferenças de moralidade residem nos costumes; não dependem dos preceitos verbais, nem sequer das intenções.

A exaltação mística tinha um profundo sentido político e implicava um ardente afã de justiça. A sociedade, reconhecendo como único direito o que emanava da lei divina excluía, por esse motivo, todo privilégio e todo abuso humano; o governante e o pastor não eram intermediários entre os homens e a divindade, mas funcionários duplamente responsáveis tanto diante daqueles quanto desta. E, sobretudo, como lembraria dois séculos mais tarde o próprio Emerson, a intensidade do esforço para construir a partir da raiz uma sociedade nova em uma natureza quase virgem, foi dando estímulos morais vigorosos, que com o tempo não cairiam em desuso. Todo aquele que fez o bem e foi virtuoso, cumpriu, apenas com isso, seu dever moral para com seus semelhantes e para com a comunidade.

A moral dos puritanos foi, em sua primeira fase, uma mistura de estoicismo ingênuo e de sentimento trágico do dever. Além do trabalho tenaz, a austeridade foi sua orientação; e desde o primeiro dia surgiram, em todas as partes, colégios e escolas para que se transmitisse aos descendentes uma rígida educação moral, junto com os conhecimentos indispensáveis para multiplicar o valor social do homem.

Era a ética de uma raça futura, da raça europeia modificada ao adaptar-se a uma natureza estranha, criando uma variedade étnica e uma sociedade distintas. E a experiência moral, fundada em postulados essencialmente religiosos no país de origem, foi se adaptando a condições humanas independentes do sobrenatural, perseguindo mais a virtude e preocupando-se escassamente com o dogma, pensando tanto menos nas sanções do céu quando maior era o mérito reconhecido às virtudes desenvolvidas na terra.

Havia certa ingenuidade nestes místicos da Nova Inglaterra que ignoravam o luxo das cortes, o refinamento das maneiras e a sagacidade dos maliciosos; mas havia, por isso mesmo, outra moral, sem intrigas, sem hipocrisias, sem malícia.

À medida que a colônia cresceu, até serem formados os Estados que no final se separaram dignamente de sua metrópole, a severidade primitiva sofreu algumas perdas: novos imigrantes chegaram com outros sentimentos; a Igreja Anglicana sentiu a influência da intolerância destes: as forças morais do puritanismo primitivo tiveram sua tensão inicial atenuada; e houve momentos, no fim do século XVII, em que parecia que o fogo do lugar apagava-se e não aumentava, mantendo a temperatura moral constante nas comunidades de Plymouth e de Boston.

A independência nacional, o enciclopedismo, a Revolução Francesa, a crise política e social europeia, o liberalismo, tudo somava-se para comprometer a estabilidade das tradições religiosas;

o desenvolvimento do anglicanismo, que pretendia ter autoridade metropolitana, criava no século XVIII conflitos dogmáticos antes desconhecidos, que encobriam, simplesmente, a ambição temporal da Igreja anglicana, ávida por ter em sua esfera a mesma influência política e social que a romana mantinha secularmente nas nações católicas.

Resultou disso uma crise de disputas e intolerâncias, até então pouco frequentes; pois as que houve antes, note-se, desde o cisma de Roger Williams até as perseguições aos quacres e aos presbiterianos, tinham, no fundo, um significado político e social concreto, em que a heresia era concebida, essencialmente, como um perigo prático contra a coesão e a estabilidade social. Passado o perigo, terminava a luta; a experiência, e não a teologia, era o juiz último naquela sociedade cujo organismo religioso era um simples instrumento da organização civil.

No final do século XVIII o problema modificou-se. As Igrejas americanas acentuaram seu caráter nacional e antidogmático, dando maior importância à conduta moral que aos princípios teológicos. Logo, nas próprias colônias do centro, o metodismo chegou a pesar sobre a Igreja presbiteriana, impondo o rigorismo moral sobre o rigorismo teológico, as orientações americanas sobre as superstições europeias. Em 1783 o Sínodo presbiteriano viu-se na posição de declarar "solene e publicamente, que sempre aborreceu e ainda aborrece os princípios de intolerância". Os metodistas não tendo dogmas próprios e perseguindo uma intensificação moral de todos os cristãos, sem Igreja propriamente dita, prosperaram rapidamente nas colônias do centro, sem romper com a Igreja anglicana. Nas do norte, o congregacionalismo puritano, entendido sempre como uma religião cívica, continuava tolerante em questões dogmáticas; os feligreses julgavam aos ministros por sua conduta e não por sua teologia; sua vida diária dava a medida de sua capacidade para o ministério, sendo frequente que os pastores de uma Igreja fossem convidados a pregar diante dos feligreses de outra, acostumando todos a estimar as virtudes dos homens, independentemente de suas discrepâncias teóricas sobre o fundamento de seus credos.

Devemos ver o antecedente natural do emersonismo na evolução, essencialmente prática, do puritanismo na Nova Inglaterra; a exaltação do zelo religioso sempre teve um sentido cívico e levava ao cumprimento do dever social, já que a própria sociedade era concebida como uma manifestação da vontade divina, atuante de uma maneira fatal e inevitável.

As próprias crises de fanatismo religioso tinham esse sentido prático; Edwards, em 1734, havia estremecido os puritanos com seus sermões, determinando uma volta ao rigor moral; simultaneamente, em 1740, a renovação metodista era acompanhada de uma crise análoga nas colônias do Sul. Era uma maior submissão aos dogmas o que se perseguia? De maneira nenhuma. O objetivo da exaltação fanática eram os costumes, a conduta, a ação; Edwards dava à doutrina, como seus predecessores, os congregacionalistas Hoocker e Shepard, um sentido de exaltação da energia pessoal para viver uma vida conforme à moralidade estrita; assim a expôs em sua obra *Liberdade da Vontade*, cujo caráter mais singular é o desdém pelo livre arbítrio metafísico e a concepção da liberdade como o poder para operar de acordo com nossos princípios de ação. Essa determinação da conduta humana constituía, a seu ver, a necessidade suprema, e fora dela não havia virtude nem vício, mas conduta absurda; a liberdade por contingência parecia-lhe inimiga de toda energia atuante, enquanto livrava por acaso e por acidente a firme continuidade da conduta. Destaquemos, desde já, que esse ponto de vista é o mesmo que reaparecerá em Henry James, em Emerson e mais tarde no pragmatismo: "Para tudo o que tem um fim, uma missão ou uma fé, a liberdade consiste na possibilidade de consagrar-se integralmente a serviço desse fim; a liberdade é o poder, que tem o motivo principal de desprender-se dos outros motivos secundários ou subordiná-los; libertar a personalidade significa emancipar os desejos que lhe são intrínsecos dos desejos que contrariam seus desenvolvimentos". E isso mesmo, no fundo, expressaria mais tarde Emerson em uma proposição concisa. "A vida é liberdade em razão direta a sua intensidade."

Estas orientações práticas permitem compreender porque o presidente do colégio de Harvard tenha chegado a declarar em 1772, que "não se deveria impor nenhum credo ou profissão de fé, sob pena de castigo eterno". Um pastor negou-se a pregar sobre a Trindade; outros definiam o cristianismo como "a arte de viver virtuosa e piedosamente". E enquanto os anglicanos indignavam-se por esse desprezo ao dogma, pouco a pouco, à surdina, sem que ninguém notasse em sua origem o movimento, muitas igrejas foram se declarando *unitárias*. Quando se produziu, em 1815, a controvérsia sobre a Trindade, ocorreu que a maior parte dos pastores não acreditava na divindade de Cristo e faziam profissão de liberalismo, sem que houvesse decaído por isso seu zelo quanto à edificação moral. A heresia dominava e havia se desenvolvido sem ruído, durante quarenta anos, ao abrigo do sensato espírito puritano que havia feito da religião uma moral e não uma teologia.

Dentro do unitarismo aparece em cena Emerson. Querer compreender os escritos deste sem conhecer o espírito daquele, é como estudar uma planta por suas folhas dissecadas em um herbário, sem vê-la na natureza, sob a luz do sol, entre a umidade de sua atmosfera. E isto que dizemos de um moralista podemos repetir a respeito de todos os pensadores e filósofos; a história da filosofia, em muitos dos tratados circulantes, é uma abstração falsa e ininteligível, porquanto estuda as doutrinas de certos homens esquecendo-se que estes viveram em um ambiente social, político e religioso determinado. A história da filosofia é absolutamente incompreensível sem a história política e religiosa; para compreender a um filósofo é preciso saber quando, onde e para quem ele escrevia, qual era sua posição na política das ideias. Parece que a espécie híbrida dos eruditos sem inteligência esquece-se disso e confundem nomes de doutrinas sem suspeitar que carecem de sentido, ou consideram-no contraditório –palavras, palavras, palavras –, caso não o estimam em função do meio e como expressões de uma atitude pessoal, nem teórica nem abstrata, mas militante e social. E é o caso mais típico disso tudo o que a crítica europeia escreveu sobre o pragmatismo, quando Pierce o formulou e James o difundiu; a poucos ocorreu que essa era a expressão doutrinária de uma ética sem dogmas, constituída como resultado natural da experiência social.

III. CHANNING E EMERSON

De pais para filhos, durante muitas gerações, os Emersons foram pastores das igrejas puritanas. William, pai do moralista, figurou entre os homens mais liberais de seu tempo, e foi pastor da Primeira Igreja Unitária de Boston; nesta cidade, em 25 de maio de 1803, nasceu Ralph Waldo, cuja infância transcorreu em um ambiente doméstico de excelente cultura e severa moralidade. Órfão com a idade de oito anos, duas mulheres, sua mãe e sua tia, guiaram sua educação e moldaram seu caráter, imprimindo-lhe um selo de estoico otimismo. Conta-se que aos dez anos compunha poemas e que aos onze escrevia em grego e traduziu em verso uma poesia bucólica de Virgílio; é certo que aos dezenove graduou-se no Colégio de Harvard, o que lhe abriu o duplo caminho da escola e da Igreja. A Igreja? Evidentemente, a Igreja, como todos os seus antepassados; e a Igreja unitária, como seu pai.

A Igreja passava por uma crise. As reservas antidogmáticas dos pastores unitários estavam na ordem do dia; os de outras Igrejas acusavam-nos abertamente de irreligiosidade, às vezes de ateísmo. Não se afastavam do cristianismo porque desejavam a unidade das Igrejas cristãs, sua harmonia independente de todo dogma; para isso resignavam-se a continuar em seus ministérios, sem provocar polêmicas nem cismas, abafando suas dissidências mais radicais em nome da paz religiosa. Isso, com efeito, não era nada mais que o liberalismo inspirado nos enciclopedistas; por mais que continuassem se denominando Igrejas unitárias, eram sociedades de livres pensadores cristãos. Os ortodoxos falaram da "hipocrisia unitária", escandalizando-se de sua "religião sem doutrinas". Era tarde. Quando Emerson estava em condições de ser pastor, o unitarismo havia triunfado; em 1823, diz Becker, "todos os homens de letras de Massachussets eram unitarianos; todos os admiradores e professores do Colégio de Harvard eram unitarianos; tudo o que distinguia-se pela classe, fortuna e elegância, se apinhava nas Igrejas unitarianas; os juízes do tribunal eram unitarianos e produziam sentenças que perturbavam a organização eclesiástica tão cuidadosamente estabelecida pelos Pais Peregrinos". Nesse momento Emerson viu-se na difícil posição de ter que se decidir sobre sua própria vocação.

A personagem central do unitarismo era, na época, William Ellery Channing, nascido em Newport, en 1780. Desde 1803 ocupava um ministério na Federal Street Church, de Boston, chamando a atenção pela eloquência e profundidade de seus sermões; ainda que em 1812 ocorresse a separação entre os dois ramos da Igreja congregacional, só em 1819, em um sermão proferido em Baltimore, foi que expressou sua inconformidade com os tradicionalistas e aderiu em definitivo ao unitarismo, do qual se tornou imediatamente o mais eminente propagador e escritor. No dia da graduação de Emerson (1822), Channing visitava o Velho Mundo; ao regressar, em suas *Remarks on a National Literature* (1823), já proclamava a necessidade de que a América se emancipasse intelectualmente da Europa. Channing é o representante de um misticismo pragmatista, em que a ação constitui o centro mesmo da moralidade em que as virtudes são medidas por seus resultados sociais. Seu credo religioso contém elementos de um nítido panteísmo, e Deus aparece como um supremo Bem, no qual estão fundidas as qualidades que nos homens chamamos virtudes; a divindade é para ele uma abstração ética da humanidade e com razão seu pensamento foi interpretado como um verdadeiro "antropomorfismo moral". A conciliação do sentido prático e do misticismo idealista é uma de suas preocupações; entendendo que a independência moral é mais fácil e completa quando se tem a independência econômica, estimula todo esforço individual e social para adquiri-la. Boston liberalizou-se ao enriquecer-se; a comunidade de interesses ensinou os homens a suportarem as divergências de opiniões. A atividade intensa foi a melhor escola de tolerância.

Até 1830 Channing era o chefe dessa grande evolução ética; Emerson e os transcendentalistas são, se não seus discípulos, seus continuadores. Channing converteu em doutrina o que já vinha se desenvolvendo como uma tendência instintiva: fazer da religião uma moral social. Seu cenário foi o unitarismo, cujo único dogma foi não ter nenhum dogma. Quando fundou, em 1813, o *Discípulo Cristão*, começou declarando que os fundadores não estavam de acordo sobre a divindade de Jesus, mas que estavam com necessidade de associar os esforços de todos os cristãos movidos por uma idêntica piedade natural. Sua religião era o contrário de uma seita; não tendo dogmas, tinha pouco interesse no proselitismo. As ciências morais e religiosas entravam no campo das ciências sociais; o unitarismo não queria atrair ninguém por meio de doutrinas metafísicas, a não ser ampliando para todos os campos da ação enérgica e fecunda. A Igreja unitária, tal como Channing a concebia, era uma mutualidade para o aperfeiçoamento moral dos indivíduos, uma comunidade solidarista para a ação social.

Seu espírito liberal e tolerante, tendente a reduzir o cristianismo a uma moral evangélica, reapareceu em Emerson e nos transcendentalistas; a ele foram agregados, todavia, novos elementos: fortes influências sansimonianas e fourieristas, com uma veemente inquietude por reformas sociais.

Com estas ideias, dominantes em seu meio, Emerson havia estudado na *Divinity School*, ordenando-se junto com Henry Ware na Segunda Igreja Unitária de Boston (1829).

Mesmo sendo pregador eloquente, Emerson não foi seduzido pela tentação do êxito; não tinha verdadeira vocação para a cátedra sagrada, à qual havia chegado profissionalmente ou por necessidade. A rotina do culto, a seu ver, parecia incompatível com o espírito liberal do unitarismo; não chegou a dizer abertamente que era uma "hipocrisia" conservar fórmulas e preceitos aos quais já não se atribuía nenhum valor ideológico, mas sua consciência moral mostrou-lhe como um delito, como o mais grave dos delitos contra a própria dignidade, continuar fomentando nos demais as superstições e erros em que ele mesmo deixou de crer. Emerson teve a maior das virtudes intelectuais: a lealdade para consigo mesmo; pensou, sem dúvida, como todos os homens verdadeiramente dignos, que é uma vileza disfarçar seu pensamento para acomodá-lo às duas formas sociais do erro que conspiram contra a verdade: o tradicionalismo, que é o sistema ideológico das classes privilegiadas, e a moda, que é o sistema dos que carecem de ideias próprias.

Emerson não era animal doméstico, nem servidor dos poderosos, nem bajulador das rotinas alheias, nem ele mesmo rotineiro; não possuía a docilidade necessária para acatar dogmas e repetir práticas tradicionais, que o estudo mostrava-lhe serem falazes ou absurdas. O credo que seus antepassados receberam de Calvino pareceu-lhe insustentável diante do espírito científico que havia animado ao enciclopedismo e à ideologia, e também diante do idealismo romântico que começava a agitar-se contra a restauração católica promovida pela Santa Aliança. Nessa hora deu o primeiro passo para sua emancipação intelectual. A herança dava-lhe um temperamento místico, mas sua educação levou-o a contemplar a religiosidade como um sentimento interior e subjetivo; ao mesmo tempo o cristianismo foi parecendo-lhe, cada vez mais, um sistema de educação moral que era necessário desligar de todas as superfetações com que as Igrejas o haviam afastado de sua primitiva e simples significação.

Pastor de uma Igreja que já não aceitava o dogma da divindade de Cristo, Emerson acreditava que sua consciência o impedia de sustentar a cerimônia da comunhão, cujo absurdo parecia-lhe evidente dentro do unitarismo; e como pensou, assim o fez. Em 1832 devolveu a seus fegreses o ministério que lhe haviam confiado, serenamente, com espírito bondoso e fraterno, conservando com as Igrejas unitarianas uma sólida amizade e atuando com elas em todas as suas iniciativas de educação social.

Educados em uma tradição religiosa distinta, parecerá singular a vocês, sem dúvida, que seja possível chamar Igrejas *cristãs* as que negam a divindade de Cristo; no entanto, nada mais natural. Vocês sabem muito bem, por seus estudos de filosofia e história das religiões, que os dogmas são o resultado de uma lenta elaboração no seio das Igrejas. As revelações ou inspirações primitivas são transmitidas oralmente, até que alguém as escreve a sua maneira; convertidas em livros, circulam e modificam-se arbitrariamente; por fim, as Igrejas, comprometidas por suas contradições, elegem como verdadeiras as mais adaptadas às crenças e interesses do momento. Este processo, já bem demonstrado na formação dos dogmas judeus, cristãos, árabes, etc., repetiu-se com o dogma da Trindade, que os unitarianos não aceitam.

A primitiva tradição apostólica, a dos Doze, não contém suposição alguma acerca da divindade de Jesus; os que haviam ouvido a Pedro, a João e aos outros humildes galileus eleitos para anunciar a iminente vinda do messias esperado pelo povo de Israel, por certo surpreenderam-se quando um grego fariseu, Paulo, começou a traduzir de maneira muito pessoal as noções simples que aprendera em Damasco. Com Paulo passou à tradição o costume de se dizer indistintamente Pai, Filho ou Espírito, ao se referir a Deus; o redator do quarto evangelho auxiliou involuntariamente a obra, formando-se pouco a pouco o dogma da Trindade, que foi definitivamente imposto, séculos mais tarde, por Agostinho. Pela fé do "Símbolo de Atanásio", cuja redação é evidentemente apócrifa, introduziu-se entre os artigos de fé da Igreja romana, sem ser aceito pelos gregos ortodoxos, que também não aceitam o "Símbolo dos Apóstolos", igualmente apócrifo, limitando-se a confessar o "Símbolo de Niceia", que não é do concílio de Niceia, mas do concílio de Constantinopla.

A interpretação singular de três pessoas distintas constituindo um único Deus verdadeiro, no que Jesus nem os primeiros cristãos jamais pensaram, foi repetidas vezes negada na Idade Média, por teólogos e bispos; recrudescendo essa heresia na época da Reforma; custando a vida de Miguel Servet, que, escapando da perseguição católica, foi morrer nas fogueiras calvinistas. O antitrinitarianismo prosperou na Inglaterra e recebeu adeptos em todos os países, entre as classes cultas, por mais que tenha chegado a ser considerado crime de heresia e castigado com a pena de morte. O progresso geral da cultura no século do enciclopedismo trouxe maior tolerância; em 1778, um pastor anglicano atreveu-se a inaugurar uma capela unitariana, desenvolvendo-se o vasto movimento cristão antitrinitário no qual atuam Channing e Emerson. Como podem ver, não faltaram razões históricas para crer que sua doutrina era a mais *cristã*, a mais de acordo com a pregação de Cristo.

IV. DECEPÇÃO COM A MODA FILOSÓFICA

Duplamente romântico, por seu temperamento e por sua idade, Emerson sentia "o mal do século", que, em 1830, era moda entre a juventude literária da Europa. A política e a religião determinaram nesse tempo a atitude filosófica dos jovens intelectuais que, por falta de estudos ponderados, careciam de ideias próprias sobre as estudadas pelos filósofos. A Revolução Francesa, cujo espírito representava sucessivamente os fisiocratas, os enciclopedistas e os ideólogos, tinha encerrado seu primeiro ciclo com a queda de Napoleão; a Santa Aliança já acometia a restauração do antigo regime, voltando pelos privilégios do reinado e da Igreja, ao mesmo tempo que desterrava o espírito liberal revolucionário, perseguindo-o severamente.

Contra a restauração difundiu-se o movimento romântico, cujas raízes alguns remontam àquela época do idealismo alemão conhecida por *Sturm und Drang*, palavras obscuramente traduzidas por "Tempestade e Ousadia"; os escritores desse período tinham uma confiança ilimitada em si mesmos e uma visível exaltação de sua personalidade que os levava a considerarem-se como renovadores absolutos e a denominarem-se a geração dos "gênios originais". Rousseau e Goethe deram asas a esta dupla corrente sentimental e naturista, criadora durante meio século de algumas obras primas imperecíveis, mas sem verdadeiro conteúdo ideológico; suas características essenciais foram a falta de clareza, de medida e de harmonia; seu único método, a dispersão espontânea das tendências sentimentais.

Vocês já têm conhecimento da história do romantismo. E conhecem também a do ecleticismo, tradução muito debilitada do idealismo filosófico alemão; foi um compromisso cômodo para desenvolver na França uma política universitária liberal, que evitasse as imputações de materialismo que a restauração clerical havia difundido contra a enciclopédia e a ideologia. Esse espiritualismo eclético, como todas as modas similares, que de tempos em tempos se repetem, era um simples agrupamento de professores – não de filósofos – que faziam carreira no mundo renunciando a toda verdade perigosa em nome das opiniões médias difundidas na sociedade semiculta, representada pela classe governante. É possível ler sobre este episódio culminante da retórica pseudofilosófica o interessantíssimo livro de Taine, e sobre seu nome principal, Victor Cousin, o magnífico ensaio biográfico de Jules Simón. Sabe-se que se o romantismo gerou obras primas literárias, o espiritualismo dos ecléticos não produziu nenhuma filosofia; oradores interessantes bajulavam ou entusiasmavam os auditórios com belos discursos e metáforas inescrutáveis, bastando-lhes para isso não delinear nenhum problema claro e concreto nem chocar ao restante com essa vaidade humana que crê na possibilidade de saber sem estudar, apenas adivinhando. E quem renuncia a crer-se capaz de adivinhar aquilo que não tem a coragem de estudar? Quantos preferem a fadiga de meditar muitos anos sobre um problema filosófico, ou todos se sua vida é longa, à doce ilusão de que seu "espírito" ou sua "intuição" são suficientemente agudos para resolvê-los "por palpite" pessoal, já que ninguém se atreve em nossos dias a contar que recebeu "revelações" da divindade?

Dessa maneira, os ecléticos "fizeram literatura" sobre questões filosóficas inacessíveis à imaginação não ilustrada e à cultura superficial. A literatura e a erudição são admiráveis quando produzem os gêneros literários ou históricos nas mãos de um Musset ou de um France, de um Taine ou de um Renan; mas são fontes de ilusão e de erro quando se empregam como único método para adivinhar verdades, ou quando induzem a crer que todas as verdades puderam ser definitivamente conhecidas por grandes adivinhos que não sabiam estudá-las. A verdade – como expressão abstrata de todas as verdades parciais – está em formação contínua. Por mais que os resultados daqueles que a investigam sejam relativos e perfectíveis, é certo que cada século, cada quinquênio, contribui para sua formação, depurando-a de algum erro; assentando-se apenas sobre a base de uma experiência que cresce incessantemente; talvez a metafísica do porvir possa aumentar a legitimidade das hipóteses com que o homem se atreve a decifrar o muito desconhecido que ainda resta na natureza.

Convinha deter-nos um momento sobre o sentido político e a variedade filosófica do espiritualismo francês para compreender o desencanto de Emerson, homem leal e estudioso, diante da moda retórica reinante na filosofia europeia. Seus biógrafos concordam em dizer que sua viagem a Europa (1832), cheia de atrativos literários para ele – a Itália dos românticos e a amizade de Coleridge, de Quincey, Wordsworth, Carlyle e outros –, produziu nele uma profunda decepção filosófica. Espírito prático e americano, compreendeu provavelmente que as disputas doutrinárias eram simples disfarces políticos; o decaído escolasticismo francês era o clericalismo da restauração, o ecletismo florescente era o liberalismo burguês, o sansimonismo que voltava era o renascimento do espírito revolucionário. De regresso a sua pátria, Emerson voltou ao púlpito, como conferencista laico, mais decidido do que nunca a pregar a necessidade de uma educação moral independente de todo dogma religioso e de todo sistema metafísico. Para preparar seus discursos afastou-se do tumulto urbano de Boston e buscou um refúgio tranquilo em Concord, onde passou quase todo o restante de sua existência. A vida simples e os costumes modestos, a contemplação incessante da natureza, a visão do céu e a auscultação do bosque, o trato exclusivo com pessoas agradáveis, infundiram-lhe esse duplo sentimento de anarquismo otimista e de panteísmo místico que foi dominante em seus primeiros ensaios. A personalidade de Emerson, já quase completa, não tardou em encontrar a nota social, com que se integrou definitivamente.

V. O TRANSCENDENTALISMO

Enquanto os ecléticos franceses mantiveram sua bandeira espiritualista como insígnia da luta contra a restauração borbônica, as simpatias do povo e dos literatos românticos estiveram a seu lado. A revolução de 1830, com o triunfo dos Orleans e o advento de Luis Felipe, marcou sua entrada no "oficialismo" e o começo de sua impopularidade. Ao fazer as contas, o liberalismo revolucionário percebeu que a nova dinastia, mesmo que menos reacionária que a primeira que fora derrubada, estava longe de ser a continuadora dos princípios de 89; e pouco a pouco, diante do ecleticismo oficializado que decaía, os porta-vozes dos partidos radicais passavam a aderir ao sansimonismo, renovado em consonância com o espírito de Condorcet, quer dizer, do ideologismo em seu aspecto integral.

A palavra de ordem foi *filosofia social*, sistema de ideias útil para a justiça e a solidariedade humanas, com um programa essencialmente otimista e lírico, nacionalista apesar de seu humanitarismo, puramente político não obstante suas divagações filosóficas. Em 1835 seu propagandista mais influente era Pierre Leroux.

Esta nova corrente ideológica chegou quase simultaneamente às duas Américas, gerando em Boston um movimento social famoso, cujo centro foi o *Clube dos Trascendentais*, e em Buenos Aires um germen similar que sufocou a restauração clerical de Rosas, a *Jovem Argentina*; sabe-se que em outros países do continente, pouco depois, surgiram sociedades de inspiração análoga. Emerson e Echeverría foram a alma desses agrupamentos, constituídos respectivamente em 1836 e 1837, ignoravam-se uma à outra, mas alentadas por princípios idênticos.

Os dois imitavam o tipo das sociedades secretas, cujo modelo era a *Jovem Itália*; os dois propunham reformar a sociedade em que atuavam; os dois dedicavam atenção principalmente ao estudo dos problemas econômicos; os dois afirmavam a necessidade de marchar em direção à democracia e acabar com os privilégios tradicionais; os dois declaravam ser cristãos e punham a moralidade como condição intrínseca do progresso social. Não é necessário insistir que o cristianismo significava em Boston o contrário do dogmatismo protestante e em Buenos Aires o contrário do dogmatismo católico; era, em ambas as partes, um liberalismo avesso à religião vigente: como o cristianismo de Saint Simon e de Leroux.

O movimento norte-americano e o argentino tiveram um claro sentido nacionalista, insistindo ambos na necessidade de adaptar sua ação ao meio social, prescindindo das fórmulas elaboradas na Europa e sugeridas pela observação de ambientes bem distintos dos americanos. Nisto, por falta de ilustração histórica ou por ingênuo patriotismo, desejariam ver muitos críticos uma expressão de americanismo e um desejo por originalidade; essa ilusão dissipa-se quando estudamos a filosofia política do radicalismo europeu, anterior à revolução de 1848. Desde os célebres *Discursos à nação alemã* de Fichte, proferidos em 1808, delineava-se em

PARA UMA MORAL SEM DOGMAS

todos os povos europeus o problema de regenerar as nacionalidades e educar a juventude em princípios sociais mais firmes que os anteriores, pois o fracasso da revolução de 89 atribuía-se ao fato que as nações não estavam capacitadas a adotar o novo regime. Por isso cada extrema esquerda nacional, sem esquecer um pouco de retórica acerca do humanitarismo e a fraternidade universal, preocupava-se intensamente com o bem-estar interno de seu país e inscrevia em seu programa reformas éticas e econômicas essencialmente nacionais.

Por ignorar essa influência sansimoniana – ou por não confessá-la –, os críticos do movimento dos *Transcendentais* apresentam-no como uma exaltação reformista puramente autóctone, que minava todas as tradições: o governo, a família, a Igreja, a escola; tudo o que na França preludiava à revolução de 48; tudo o que de maneira prudente está repetido no *Dogma Socialista* de nosso Echeverría.

Note-se bem a uniforme significação histórica e política dessas expressões americanas do "romantismo social": o sansimonismo termina na Europa com a revolução de 48, o *Clube dos Transcendentais* deixa de reunir-se em 1850 e os afiliados da *Jovem Argentina*, dispersados pela Restauração de Rosas, terminam seu ciclo de propaganda liberal com o levantamento de 1851 e a queda da ditadura.

Em torno do transcendentalismo move-se a geração liberal norte-americana, tendo por cabeças a Channing e Emerson, cercados por David Thoreau, o poeta naturalista, por Ripley, Margaret Fuller, Parker, Bancroft, Hedge, Bartol, Brownson, Peabody, Cranch, Folien e os Channing "juniors". O homem de ação, o motor do *Clube*, era Amós Bronson Alcott, o espírito mais equilibrado e menos literário do grupo, exatamente como foi Juan B. Alberdi, o verdadeiro empresário de nossa *Jovem Argentina*.

Emerson, sensível nessa época à exaltação militante, aderiu aos *Transcendentais*, emprestou seu nome a eles, ofereceu-lhes seus conselhos e dirigiu sua famosa revista *The Dial*. É indubitável que seus amigos eram um tanto comprometedores; Emerson mesmo

49

comentou mais tarde seus excessos fantásticos, em páginas cheias de bonomias engraçadas. Do sansimonismo passaram muitos ao fourierismo, fundando comunidades falansterianas que subsistiram pouco tempo: a *Brook-Farm* foi famosa. "É algo único na história do mundo", diz um narrador desse ensaio comunista em que aparecem exaltados, ao mesmo tempo, o cristianismo social e o individualismo anarquista. Os homens e as mulheres mais cultos do país passaram a arar o campo por necessidades domésticas, ao mesmo tempo em que enriqueciam a cultura nacional com produções de qualidade superior; segundo Emerson, "investigaram a tudo; o necessário, o simples, o verdadeiro, o humano, ascendendo sobre o que domina a história do passado e do presente". O respeito escrupuloso da liberdade individual harmonizava-se ali com o interesse coletivo da comunidade, sem que se notasse a necessidade de nenhuma coação para que todos cumprissem seu dever, e muitos bem mais que o próprio dever, o sacrifício. O que os impulsionava? Um ideal: a concepção de que era possível organizar a sociedade humana de tal forma que fossem proscritos o privilégio e a preguiça, a política e a mentira, os dogmas e as superstições, o convencionalismo e a injustiça. Ideal nobilíssimo, se é que existem; ideal cem vezes renovado na história do último século; ideal distante, se preferem assim; impraticável em sua totalidade, provavelmente; mas ideal cuja legitimidade ninguém poderia negar sem ruborizar, como ninguém poderia negar que, graças a ele, os povos mais civilizados deram alguns passos seguros na direção da democracia social do porvir.

O ensaio prático, na verdade, só foi possível pela qualidade seletíssima dos falansterianos de *Brook-Farm*; por seu fervoroso zelo futurista, vocês poderão ter uma impressão exata lendo qualquer história da literatura norte-americana. "Quantos projetos para salvar a humanidade!", exclamaria Emerson mais tarde: um queria voltar à vida campesina, outro suprimir a moeda e proibir o comércio, outro ainda era vegetariano, alguns combatiam o matrimônio indissolúvel, muitos desejavam a extinção de toda autoridade política, um grupo ensaiava a educação integral, outro queria transformar as igrejas em escolas de ciências e de fraternidade.

Pretendiam outra coisa os sansimonianos e os fourieristas antes da revolução de 48? A resposta, muito simples, sugere curiosas induções sobre a evolução de nossa *Jovem Argentina* se tivesse conseguido prosperar em Buenos Aires em uma época de tolerância liberal, a de Rivadavia, podemos supor.

É fácil compreender que o transcendentalismo resistiu e provocou reações, visto pelos políticos conservadores como um perigo, e pelas Igrejas tradicionalistas como um celeiro de heresia. Para contrabalançar sua influência, foi acentuada em todos os Estados a pregação religiosa, intensa, exaltada muitas vezes pelo próprio zelo e pela competência alheia, por que eram várias as comunidades que lutavam pela atenção dos crentes.

The Dial suspendeu suas publicações em 1844; os transcendentais continuaram por mais algum tempo, sonhando com a harmonia social de suas comunidades falansterianas. Emerson, em 1847, empreendeu uma viagem à Inglaterra, deixando em pleno fervor o movimento liberal. Além das Igrejas unitarianas e dos transcendentalistas de Boston, convergiam a ele os poetas de Cambridge: Longfellow, Hoimes, Russel Lowell, Parsons e Story; o novelista Hawthorne; os historiadores Prescott, Bancroft, Motley, Parkman; os agitadores da campanha antiescravagista: Carrison, Phillips, Summer, Harriet Beecher Stowe, Wittier; enfim, toda uma legião de poetas, pensadores e apóstolos que representa para os Estados Unidos o que – guardadas as devidas proporções – significa para a Argentina a geração dos imigrantes: Echeverría, os Várela, Alberdi, López, Mitre, Sarmiento, Gutiérrez, Cañé, Mármol, etc. E sem pretender converter em paralelismos estas analogias simples e evidentes, notemos que a campanha liberal contra o antigo regime termina além com o triunfo da guerra contra os escravagistas e aqui com o êxito do Exército Grande contra Rosas.

VI. GEOGRAFIA MORAL DOS ESTADOS UNIDOS

Em 1847, enquanto Emerson fazia algumas conferências na Inglaterra, Sarmiento chegava aos Estados Unidos.

Autor de *Facundo* e acostumado com as tarefas educativas, Sarmiento acabava de percorrer a Europa em busca de inspiração e de exemplos que pudessem servir ao progresso de nossa América. Apesar de ter visto muito, havia aproveitado pouco na Europa, pois tudo era inquietude, preludiando a grande tempestade que eclodiria um ano depois. Nos Estados Unidos a intensa agitação religiosa chamou particularmente sua atenção, por que os unitarianos e os transcendentais haviam provocado, como dissemos, uma formidável reação das Igrejas dogmáticas. Cada uma punha um fervor inusitado na propaganda, sendo curioso que todas disputavam a simpatia da opinião com a Bíblia nas mãos e em nome do cristianismo.

Em uma carta a Dom Valentín Alsina, incluída em seu livro *Viagens pela Europa e América* (volume V de suas Obras Completas), Sarmiento examina a geografia moral dos Estados Unidos.

Para descrever a rigidez dos puritanos ortodoxos narra um caso: "Sabe-se que na Nova Inglaterra as leis de Moisés regeram por muito tempo; esta era, e ainda é, a ideia da perfeição imaculada de cada frase e de cada versículo da Bíblia. A bordo de um navio falava-se das maravilhas do clorofórmio. Um médico assegurava que podia ser aplicado aos partos, sem perigo.

– E o senhor o aplicaria em sua mulher? – perguntava um puritano presente.

– Por que não!

– Pois eu não faria isso, replicou seriamente o interlocutor.

– Isso depende do grau de confiança de cada um em sua eficácia.

– Não, senhor; o Gênesis diz: a mulher dará a luz com dores, e o senhor contraria a vontade de Deus – como se vê, a questão do clorofórmio era vista pelo lado da consciência, e medida sua bondade pela ótica da Bíblia".

Sarmiento chegou quando mais ardia a fogueira mística. "Para manter o fogo sagrado, há em viagem permanente pelas campinas remotas, milhares de pastores viajantes, que passam toda sua vida em missão; homens rudes e enérgicos, que levam a todas as partes a agitação, despertam os ânimos, levando-os à contemplação das verdades eternas. São estes verdadeiros exercícios espirituais, como os dos católicos; contudo, ainda mais espirituais, pois, sem amedrontar-se com as penas do inferno, o pastor, ou os pastores, reunidos em *meeting* religioso, ao ar livre ou em algum galpão (improvisado), agitam as inteligências embotadas dos camponeses, apresentam-lhes a imagem de Deus em formas grandiosas, inconcebíveis; e quando o estimulante produz seu efeito, enviam as mulheres ao bosque de um lado e aos homens de outro, para que meditem sozinhos, encontrem-se na presença de si mesmos para ver seu nada, seu desamparo e seus defeitos morais." Para Sarmiento não interessavam as doutrinas difundidas, mas o fato mesmo da agitação espiritual sustentada pelos pregadores, que assim efetuavam uma obra educativa e moral. "Mas o que tudo isto importa para meu objetivo, é que por meio dos exercícios religiosos, as dissidências teológicas e os pastores ambulantes, aquela grande maré humana vive ainda em fermentação, e a inteligência dos habitantes mais afastados dos centros conserva-se desperta, ativa, e com seus poros abertos para receber todo tipo de cultura. Semelhante a um barril, mantém-se ajustado e apto para servir, não importa a qualidade do líquido que encerre; enquanto que se o deixam vazio, as tábuas são torcidas, os arcos afrouxam-se e caem, com a ação do tempo, e as flutuações da intempérie, fica inutilizado para sempre." No fundo, com palavras distintas repete Sarmiento o conceito fundamental de Emerson: o que importa é a ação moral, independentemente de qualquer conteúdo dogmático ou doutrinário.

Isto não significa que Sarmiento não visse diferença entre as seitas ortodoxas e as liberais. "Este caos religioso, aquelas inúmeras verdades contraditórias, estão por sua vez sofrendo uma elaboração lenta, é verdade, mas segura e ascendente." E não se engana em suas preferências: "A filosofia religiosa dos descendentes dos peregrinos desce do alto até as profundidades da sociedade, diminuindo as distâncias que separam as dissidências, deixando entre elas suaves elos que acabam por estreitá-las, e que terminarão no final por absorvê-las no *unitarismo*, seita nova e panteísta, que admite todas as dissidências e respeita todos os batismos por cujo intermédio foi transmitida a graça; elevando-se a regiões mais altas, desprendendo-se de toda interpretação religiosa, conclui por reunir em um só abraço a judeus, islâmicos e cristãos, prescindindo de milagres e mistérios, como coisas que não se enquadram na forma orgânica que Deus deu ao espírito humano e classificando-as entre as figuras de retórica. A moral do cristianismo, como expressão e regra da vida humana, como ponto de reunião acessível e aceitável por todas as nações: este é o único dogma que admitem, assim como a virtude e a humanidade formam o único culto e a única prática que prescrevem aos crentes".

Os comentários que tudo isso sugere são interessantes e exatos; vejamos alguns. "O espírito puritano esteve em atividade durante dois séculos, e segue em direção a encontrar conclusões pacíficas, conciliadoras, formando sempre o progresso sem entrar em guerra com os fatos existentes, trabalhando-os sem destruí-los violentamente como o fez a filosofia proveniente do catolicismo no século XVIII, e que caminhou muito pouco." "Concluo de tudo isto, meu amigo, uma coisa que deixará os bons *yankees* arrepiados, por que marcham direto à unidade de crenças, e que um dia não muito distante a União apresentará ao mundo um espetáculo de um povo devoto, sem forma religiosa aparente, filósofo sem abjurar ao cristianismo, exatamente como os chineses concluíram por ter uma religião sem culto, cujo grande apóstolo é Confúcio, o moralista que com o auxílio de sua razão formulou o axioma: "não faças o que não queres que façam a ti", acrescentando este

PARA UMA MORAL SEM DOGMAS

sublime corolário: "e sacrifica-te pelo povo". Se isto acontecesse, e deve acontecer, quão grande e fecundo será para a humanidade o experimento feito naquela porção, que dará por resultado a dignificação do homem pela igualdade de direitos, a elevação moral pelo desaparecimento das seitas que hoje subdividem aquele povo, enérgico pelas faculdades físicas e eminentemente civilizado pela apropriação a sua existência e bem-estar de todos os progressos da inteligência humana! Norte-americano é o princípio da tolerância religiosa; está inscrito em todas as suas constituições e passou a axioma vulgar; na América do Norte foi pela primeira vez pronunciada esta palavra que devia estancar o sangue que a humanidade derramou em profusão, e vem destilando até nós desde os primeiros tempos do mundo." As diversas religiões cristãs que emigraram da Europa tinham dogmas e intolerâncias, hábitos de perseguição e de vingança; "uns mais cedo, outros mais tarde, de má vontade e resmungando, tiveram que apagar suas brasas e abandonar essa extravagância de mal gosto que consiste em queimar homens para maior glória e honra de Deus. Não consigo me deter quando entro no campo da teologia; torno-me *yankee*, como podem ver, e até passo a ser ininteligível ao ler estas reflexões. Mas por mal que pareça, tenho ainda que apontar uma das forças de regeneração, propaganda e auxílio ao movimento lento da inteligência norte-americana e força a seguir à frente dos atrasados. Sua origem e sua forma são religiosas, ainda que seus efeitos façam-se sentir em todos os aspectos sociais. Falo do espírito de associação religiosa e filantrópica, que põe em atividade milhares de vontades para a consecução de um fim louvável e consagra caudais gigantescos à prosecução de sua obra. Neste ponto o norte-americano criou necessidades espirituais tão dispendiosas e imprescindíveis como as do próprio corpo, e esta provisão de necessidades do ânimo, aquele tempo, trabalho e dinheiro empregado em satisfazer um desejo, uma preocupação, mostra quão ativa é a vida moral daquele povo". E termina com estas palavras: "Em todo este enorme e complicado trabalho nacional, vocês verão predominar uma grande ideia, a igualdade; um sentimento, religioso, depurado das formas exteriores; um meio, a associação, que é a alma e a base de toda a existência nacional e individual daquele povo".

Conhecemos a simpatia de Sarmiento por tudo o que representava liberalismo, progresso, porvir. Era nele obsessiva a ideia de regenerar a nossa América Latina emancipando-a de seu passado colonial, em que só via preguiça e superstição; os conquistadores haviam ensinado a ver o trabalho como uma humilhação vergonhosa, inoculando nas veias de seus descendentes o parasitismo; os teólogos haviam ensinado a rezar muito e a ler pouco, limitando-se a fundar as escolas necessárias para formar um clero autóctone. Com essas ideias, que havia expressado já em *Facundo* e de que não se apartaria até a hora de escrever *Conflitos e harmonias das raças na América*, deve ter-lhe produzido profunda impressão aquela outra América "em que todos sabem ler e trabalhar". Assim explica-se o constante entusiasmo pelo modelo político e social norte-americano; e explica-se também sua preferência por aquelas religiões protestantes, crendo que nelas a fé primava sobre a superstição, o zelo evangélico não excluía a tolerância recíproca e o misticismo pessoal podia escolher uma atmosfera propícia para retomar seu voo sem que o Estado impusesse-lhe uma determinada direção dogmática. Vocês sabem que Alberdi, com quem debateu tantas vezes – sem dúvida porque buscavam um mesmo ideal por meio de seus temperamentos opostos – expressou simpatia análoga pelas religiões dissidentes.

VII. SARMIENTO E HORACE MANN

Sarmiento tinha uma preocupação central, a instrução pública; com ela propunha redimir estas antigas colônias que haviam herdado um analfabetismo quase universal. Esteve em Boston, "a Mênfis da civilização *yankee*", levado por sua preocupação pedagógica. "O principal objeto de minha viagem era ver Horace Mann, o secretário do *Board of Education*, o grande reformador da educação primária, viajante como eu, em busca de métodos e sistemas pela Europa, e homem que por seu fundo inesgotável de bondade e de filantropia, reunia em seus atos e seus escritos uma rara prudência e um profundo saber. Vivia fora de Boston e precisei tomar um trem para dirigir-me a Newton-East, pequena aldeia onde morava. Passamos longas horas de conversas, por dois dias consecutivos. Contou-me suas tribulações e as dificuldades com as quais sua grande obra teve de lutar por causa das preocupações populares sobre a educação, e os zelos locais e de seita, e a mesquinhez do partido democrático que desacreditava as melhores instituições. A própria legislação do Estado teria chegado a ponto de destruir seu trabalho, destituí-lo e dissolver a comissão de educação, cedendo os móveis aos mais indignos: a intriga e a rotina. Seu trabalho era imenso e a retribuição escassa, enterrando-a em seu ânimo com os frutos já colhidos e o porvir que abria a seu país." E depois de passar em resumo os progressos da educação pública, fala sobre o que foi, diremos assim, a escola de seu futuro apostolado no ensino argentino: "Veja, querido amigo, que estes *yankees* têm o direito de serem impertinentes. Cem habitantes por milha, quatrocentos pesos de capital por pessoa, uma escola ou colégio para cada duzentos habitantes, cinco pesos de renda anual para cada criança e além disso os colégios; isto para preparar o espírito. Para a matéria ou a produção Boston possui uma rede de ferrovias, outra de canais, outra de rios e uma linha de costas; para o pensamento existe a cátedra do Evangelho e quarenta e cinco jornais, periódicos e revistas; e para a boa ordem de tudo, a educação de todos os seus funcionários, os *meetings* frequentes tendo por objeto a utilidade e conveniência pública, e as sociedades religiosas e filantrópicas que dão direção e impulso a tudo. Pode-se conceber coisa mais bela que a obrigação, em que está Mr. Mann, de viajar uma parte do ano, convocar um *meeting* de educação à população de cada aldeia e cidade onde chega, subir ao palanque e pregar um sermão sobre educação primária, demonstrar as vantagens práticas que resultam de sua difusão, estimular aos pais, vencer o egoísmo, aplanar as dificuldades, aconselhar aos mestres e fazer-lhes indicações, propor nas escolas as melhorias que sua ciência, sua bondade e sua experiência sugerem-lhe?"

Lembremos de passagem que Horace Mann, verdadeiro transcritor do eticismo emersoniano à pedagogia, foi, para Sarmiento, o grande amigo e o grande modelo, cujas doutrinas acreditou poder sintetizar em poucas linhas:

– O homem que não desenvolveu sua razão com o auxílio dos conhecimentos que habilitam seu correto exercício, não é homem, na plenitude e dignidade da acepção.

– A ignorância é quase um delito, pois pressupõe a infração de leis morais e sociais.

– A associação dos homens tem por objeto a elevação moral de todos e o auxílio mútuo para assegurar sua quietude e felicidade.

– A propriedade particular deve prover a educação de todos os habitantes do país, como garantia de sua conservação, como elemento de seu desenvolvimento, e como restituição e troca dos dons da natureza que são a base da propriedade.

– A liberdade supõe a razão coletiva do povo.

– A produção é obra da inteligência.

E nós, argentinos, deveríamos reler, de tempos em tempos, as páginas de fundo valiosas, ainda que descuidadas na forma, em que Sarmiento resumiu a *Vida de Horace Mann* (*Obras*, XLIII), bastando, às vezes, dois parágrafos, para explicar a personalidade do grande educador e o sentido emersoniano de sua moral independente: "As pronunciadas e naturais propensões do homem aparecem com frequência durante sua juventude, e antes que a experiência tenha vindo ensinar-nos a proceder com cautela. Os que conheceram Mr. Mann no colégio e o conheceram depois, acharão muito bem aplicável a ele esta reflexão. Destacava-se entre seus camaradas e será notável e lembrado para sempre, por aqueles aspectos peculiares que são constantes em sua personalidade, quer dizer: primeiramente, como um pensador original e ousado, que o fazia investigar por si mesmo todas as matérias, sem olhar a ninguém, inclinado somente à verdade e ao direito que assiste nisso; e segundo, o horror que lhe inspirava toda simulação e hipocrisia, aborrecendo por isto a falsidade e a sátira, por atribuí-los a motivos egoístas. A ousadia e a força com que manifestou estes dois caracteres distintos, encobriram aos olhos do vulgo uma terceira qualidade que lhe era também bastante peculiar, a saber, o ardor e atividade do sentimento religioso. Por isso muitos não o consideraram um homem religioso, no sentido técnico da palavra, ainda que o fosse verdadeira e eminentemente em sua significação mais elevada. Sempre investigando as leis do universo moral e físico e atribuindo-as somente a Deus, quando as encontra, prestando-lhes e a seu Autor a justa homenagem da obediência e da veneração; e isto fazia em todas as ocasiões e até nos assuntos mais ínfimos. Não acata somente aos dez mandamentos, mas a dez mil mais. Esta é a origem daquele delicado sentimento moral, de sua firme e rígida educação, da guerra sem tréguas que sempre fez a todo tipo de impiedade, fosse lá de que quem procedesse" (pp. 331 e s.).

Toda heresia emersoniana e todo seu panteísmo moral parecem resumidos nessa frase com que Sarmiento promove o maior encômio a Horace Mann: "Não acata somente aos dez mandamentos, mas a dez mil mais". Essa é sua interpretação expressiva da moral sem dogma e da religião sem doutrina. Ao catecismo de uma religião dogmática que impõe obedecer dez mandamentos, e só a esses dez, o homem virtuoso pode violá-lo se obedece aos infinitos deveres que lhe dita sua consciência moral, incessantemente sugeridos pela múltipla ação que é possível desenvolver em benefício da sociedade.

VIII. A VIDA EM CONCORD

Seria preciso ser cego para não compreender que em Boston, naquela atmosfera permeada de Channing e de Emerson, de unitarismo e de liberalismo, verdadeira seara de moralistas sem dogmas, Sarmiento recebeu as inspirações educacionais que posteriormente, durante quase meio século, foram o ensino de seu apostolado em nossa pátria.

Nessa primeira viagem não conheceu Emerson pessoalmente, ainda que o tenha percebido em todas as pessoas e instituições que significavam libertação do tradicionalismo e germen de progresso. Emerson começava a obter a maior das sanções a que é possível aspirar um grande homem: que todos, amigos e inimigos, fizeram dele fonte de seus conselhos ou alvo de seus ataques, os iguais venerando suas elevadas virtudes, os inferiores explorando seu legítimo valor para serem colocados em evidência, sem perceber, estes últimos, que os ataques dos invejosos constituem a melhor subscrição à glória dos homens excelentes.

Em seu regresso da Inglaterra, Emerson tinha quarenta e cinco anos. No calor romântico e combativo da juventude começava a aparecer a serenidade estoica e otimista que é o doce privilégio dos caracteres virtuosos. Seu apostolado, desde 1850, foi cada vez mais afirmativo; em vez de corrigir a mentira e a perversidade de homens adultos, cujas rotinas e vícios estivessem já consolidados pela idade, foi seu interesse difundir a verdade e o bem, tal como os compreendia, entre jovens que ainda estivessem em idade de retificar suas ideias e sua conduta: se for possível, endireite o arbusto; não perca seu tempo tentando distorcer o tronco velho! Seu afã de criar o levou a ver a polêmica e a discussão como uma perda de tempo e uma malversação de energias; parecia-lhe mais útil cooperar com o advento da verdade e do bem que disputar com os incapazes de estudar para saber e de simpatizar para amar. Esse conceito afirmativo, dominante em sua conduta pessoal, foi a condição básica de seu otimismo.

Todas as seitas e partidos conservadores, disfarçados de vagos espiritualismos, o acusam antes de incredulidade, depois de ateísmo, e no final consideram-no perigoso para a calmaria geral, como denominavam a situação. Emerson, por ser o mais conspícuo dos homens vinculados ao transcendentalismo, continuava atraindo o rancor implacável de todos os que viam com terror essa efervescência do romantismo social contra a hipocrisia tradicionalista; e quando mais se obstinou a reação, às vésperas da campanha antiescravagista, Emerson, desafiando as paixões dos extraviados, tomou a responsabilidade de defender a Akott – como, entre nós, Echeverría defendeu a Alberdi, quando seus primeiros inimigos difamavam-no –, aderindo no final e plenamente à campanha contra a escravidão que será sempre o maior timbre de glória daquela memorável geração norte-americana.

Solitário em Concord viveu uma existência socrática, que, em páginas edificantes, podemos ler em alguns de seus biógrafos. *Emerson in Concord*, por seu filho Edward W. Emerson, *Emerson at Home and Abroad*, por Conway, *Concord Days*, por Alcott, etc. Nem todas as nações, nem todos os séculos, presenciaram uma vida como a sua.

Toda mente superior lerá sempre com prazer suas páginas consagradas a elogiar a solidão. Reconhece que o homem deve viver em sociedade, rodeado de artes, de instituições, de amigos que tenham sua própria estatura moral, buscando na simpatia estímulos para sua ação e sua constância; mas... "de tempos em tempos o homem, excelente pode viver sozinho; deve fazê-lo... As pessoas do mundo devem ser tomadas em pequenas doses. Se a solidão é orgulhosa, a sociedade é vulgar. No mundo, as capacidades superiores do homem costumam ser consideradas como coisas que o desqualificam. A simpatia rebaixa-nos com a mesma facilidade com que nos eleva... A solidão é impraticável e a sociedade é fatal:

devemos manter nossa cabeça na primeira e confiar nossas mãos à segunda. Só podemos conseguir isso, se, ao conservar nossa independência, não perdermos nossa simpatia". Não é bom que o homem esteja só, mas é indispensável que não esteja mal acompanhado. A conduta do homem perfeito, dizia Spencer, só seria perfeita quando o ambiente o fosse; em nenhum ambiente inferior seria adaptável, porque a idealidade da conduta é absolutamente um problema de adaptação.

Isso permite-nos compreender a antipatia que os grandes caracteres morais têm para com a vida ruidosa das cidades, em que as circunstâncias obrigam a um contato excessivo com pessoas indiferentes ou desagradáveis. Felizes os que podem, como Emerson, buscar um retiro tranquilo, propício à meditação e ao estudo, desfrutando de uma vida simples entre as graças sempre renovadas da natureza; felizes os que podem refugiar-se em uma solidão aprazível e como de cima de um mirante contemplar toda a humanidade em apenas um olhar de simpatia, não turbada pela visão de trivialidades e dissonâncias. É ali que o gênio revela-se em toda sua pureza, ali que a santidade exalta-se; e dali que o homem fecundo pode oferecer à humanidade os mais saborosos frutos de sua experiência: seus ideais.

As obras de educação, de justiça, de solidariedade receberam de Emerson uma palavra de alento ou uma cooperação efetiva. Cada ano que passava sobre ele, cada nova cã que surgia, aumentava a grandeza moral do homem que continuava dando à nação novas expressões de sua mensagem ética. Sua primitiva pregação, essencialmente individualista, foi acentuando dia após dia aquele sentido social e humanitário que aparecera já nas colunas do *The Dial*, quando a visão de uma humanidade melhor e perfectível o fez compreender que a moralidade do indivíduo, deve ter por atmosfera a moralidade de todo o conjunto social.

Com o passar dos anos, tendo crescido continuamente e tendo seus inimigos distanciado-se, a inveja e a paixão enfraqueceram-se ao seu redor, e pouco a pouco, por esse processo natural que antecipa em vida as paixões póstumas da glória, Emerson, *o herege,* foi se convertendo, para todos, em Emerson, *o santo.* Porque a santidade, é preciso dizer, é deste mundo; não de nenhum outro. E só entram nela os homens que pela inflexibilidade de suas virtudes, pela correção de seu caráter, por sua leal submissão à verdade, merecem ser indicados a seus contemporâneos e à posteridade como exemplares arquetípicos de uma humanidade mais perfeita, que a imaginação concebe como um ideal para o porvir.

As crianças – se me é permitido complicar a verdade com uma imagem supérflua –, foram os pássaros prediletos em seu jardim outonal; adorava nelas a ingenuidade, não envenenada ainda pela aprendizagem do mal. A educação parecia-lhe a tarefa mais "divina" que um homem pode desempenhar sobre a terra, já que só educando é possível fomentar os elementos de moralidade e de otimismo que constituem a partícula do grande todo divino que reside em cada um dos seres que integram a Natureza, que é a própria divindade...

É preciso deter-nos, deixando para a próxima lição o exame das doutrinas éticas de Emerson e a determinação de sua atitude frente aos problemas propriamente metafísicos. Por ora delimitaremo-nos a apresentar algumas influências de Emerson sobre Sarmiento, inferindo-as das repetidas menções que este último fez daquele em seus escritos.

IX. EMERSON E SARMIENTO

Em suas cartas de Boston, de 1865 (Vol. XXIX, de suas Obras *"Ambas as Américas"*), Sarmiento faz referência com admiração quase mística às impressões de sua permanência em Concord, entre os amigos de Emerson. "Seria preciso muitas páginas – escreve a Aurelia Vélez – para narrar tudo que ocorreu de belo, de grande e de útil, nestes oito dias, por meus sentidos, por meu coração, por meu espírito.

São quadros vistos com lentes de aumento nos quais, parece, assistimos a um mundo de gigantes, que está adiante, sem ser o nosso. Fui à Concord, verdadeira aldeia, sem brilho e, no entanto, belíssima, em meio a natureza de outono, ali há uma beleza sobrenatural, pelas cores bastante vivas que reveste a vegetação ao aproximar-se o inverno; e vocês sabem que me alegro com estes espetáculos. Nesta simples aldeia vivem algumas reputações literárias. A senhorita Peabody, escritora de livros sobre educação. Waldo Emerson, poeta e filósofo. A senhora Mann recebeu-me como a um da família, com a simplicidade da Nova Inglaterra, em que todos são irmãos, com o carinho e a solicitude de uma antiga amiga... No dia seguinte fomos à Lexington ver o estabelecimento de educação para mulheres do doutor Lewis. Este país voltou aos tempos da Grécia antiga, dando aos jogos e exercícios corporais uma grande atenção. Os que vi serem executados pelas crianças garantem a maior perfeição da raça, pela força, beleza e graça. Passado mais um dia almocei com Waldo Emerson, a quem havia enviado o *Facundo*. Este livro serve-me de introdução. Se ser ministro não vale para todos, ser educador já é um grande título à benevolência deste povo de professores e de mestres... Da casa da senhora Mann levaram-me à Cambridge, a célebre Universidade, onde passei dois dias de banquete contínuo, para ser apresentado a todos os eminentes sábios que estavam ali reunidos: Longfellow, o grande poeta, que fala perfeitamente o espanhol; Gould, o astrônomo amigo de Humboldt; Agassiz, filho, a quem prognosticam maior celebridade que ao pai; Hill, o velho presidente da Universidade. Como seu pai ficaria feliz neste seminário de ciências e de estudos clássicos com uma biblioteca por templo e uma vila inteira de escolas para todos os ramos do saber humano!" (pp. 65 e s.). Estas impressões repetem-se, já que não podem aumentar, em outras cartas, especialmente na publicada com o título: "Uma aldeia norte-americana. – As mulheres. – Emerson. – Longfellow. – A neve" (pp. 80 e s.). De suas conversações com o grande eticista, merece nossa transcrição este parágrafo muito interessante: "Entre os homens notáveis da educação pública, aqui está o velho Emerson, que foi um dos cinco, que empreenderam há trinta anos melhorar as escolas e elevá-las ao nível ao qual chegaram hoje. É agora um monumento público, este homem, a quem circunda como uma auréola a veneração pública. Nas longas conferências que temos tido sobre matéria que tanto interessa a ambos, fez-me uma observação que quero transmitir aqui, para que a tenham presente. Em quarenta anos de trabalhos na difusão do ensino, disse-me, um fato se me apresentou constantemente em todas as partes; que é inútil produzir escolas, organizá-las, inspecioná-las, se em cada vila, povoado ou cidade, não há um vizinho que as cuide ou as visite por puro amor ao ensino. Onde quer que as escolas vão bem, estamos certos de que há um bom filantropo que não as perde de vista; onde vão mal, é porque carecem dele; e como absorvidos pela conversação a lareira quase se apagou e ao atiçar o fogo quase extinto, disse-me, ressaltando: 'assim são as escolas, se não são cuidadas se apagam'". (*Obras*, XXIX, p. 84). Não resta dúvida que este pensamento de Emerson, sobre a cooperação vicinal para o êxito das escolas do Estado, preocupou a Sarmiento; muitos anos mais tarde, chegou a inaugurar uma biblioteca popular em San Fernando, repetindo, em 1878, as opiniões do "ancião Emerson, de Concord, célebre filósofo que, com Horace Mann, havia encabeçado a agitação pela educação popular que acabou por difundir-se a todos os Estados Unidos". (*Obras*, XLVII, p. 67).

Desde que o conheceu, Sarmiento sentiu uma grande admiração pelo moralista sem dogmas, ainda que fossem tão distintos seus temperamentos, um pragmático e o outro místico. Acredita-se que Sarmiento tenha ouvido em Boston os últimos ecos da maledicência sectária; não podendo dizer, já que Emerson era um pensador perigoso para a sociedade, os conservadores resolveram enfraquecer sua inevitável admiração, declarando-o... demasiado metafísico. Em outras memórias de viagem, relativas às escolas, Sarmiento retoma: "poeta e autor de várias obras filosóficas que o revelam pensador profundo, e os que o acusam de metafísico o reconhecem, todavia, como gênio". (*Obras*, XXX, p. 89). Sem dúvida, estes sentimentos eram influenciados pela notícia de que Emerson e Channing haviam sido os melhores apoiadores de seu amigo Horace Mann, durante sua campanha educacional; e do segundo, em suas notas sobre a vida de Mann, transcreve a carta de adesão que lhe escrevera nos momentos mais difíceis (*Obras*, XLIII, p. 346). Daí também sua persistente simpatia pelo unitarismo, que vinte anos antes parecia-lhe encarnar o porvir ético dos Estados Unidos e a cujas cerimônias religiosas voltou a assistir em sua segunda viagem: "Fui convidado à comissão dos *Unitários*, cujo órgão é o *Liberal Christian*. Seu objetivo é reunir todas as dissidências em uma, que contenha a todas: a caridade cristã. Havia-lhe prognosticado há vinte anos esta seita o porvir; e eles sabem disso". Frequentou também aos unitários radicais; é interessante ver como julga-os: "No dia seguinte, um dos editores de *O Radical* vai a meu hotel, para convencer-me a tomar parte nos exercícios da ala esquerda dos liberais. Estes vão muito mais além do que eu esperava. Seis pregadores sucedem-se diante de uma numerosa audiência, a maior parte de senhoras. Somos cristãos – diz devotamente um deles – Somos apenas homens, em comunicação com Deus, nosso pai comum, sem intermediários – Jesus cumpriu sua grande missão, em relação a sua época e ao desenvolvimento da humana inteligência. A doutrina não está hoje em harmonia com os dados da ciência e sua obra não pôde em dezoito séculos afetar nem modificar senão a uma pequena parte da humanidade. Somos mais felizes que nossos irmãos de outras seitas. Não aborrecemos a ninguém por causa de Jesus... Seis sermões à tarde e outros seis à noite, completaram os exercícios. Assisti a todos, admirando este profundo sentimento religioso que "mantém em atividade a mente e o coração deste povo. Nós, nem cristãos somos. Visto que nascemos católicos, e que fora das migalhas da Igreja não há salvação, descansamos na doce e consoladora esperança de que todos os demais sejam condenados. Oh, céus! São milhões e milhões de seres humanos que estão de fora da geografia católica: sim, a salvação é uma questão de geografia," (*Obras*, XLIX, p. 291).

Abreviar as lembranças e as citações é demonstração de força. Em seu momento de mais terrível luta pedagógica, Sarmiento, já avançado na idade, estava mais jovem do que nunca por seus ideais, por seu valor bravio: 1882, hora de agitar a consciência, nacional para afirmar definitivamente o espírito laico do ensino distribuído pelo Estado. Era a época em que o cônego Piñero, para associar-se à campanha da Igreja romana contra a escola argentina, queimava em Santiago a biblioteca do Colégio Nacional, cometendo "o último auto de fé ocorrido entre os católicos, em toda a terra, no final deste século, e deve ser conhecido o fato, proclamado e anunciado ao mundo e a sua Santidade para a canonização deste herói da estupidez humana!" Sarmiento lembrou por esse motivo, que na América do Norte, por terem os católicos reclamado contra a leitura dos Evangelhos nas escolas do Estado, sem os comentários católicos, reuniu-se um Conselho de personagens de outras religiões para decidir o assunto; e os demais, Emerson entre eles, declararam que era preciso suprimir a leitura de textos religiosos que não concordassem com a doutrina dos católicos, já que estes, como toda minoria, religiosa ou não, tinham o direito de serem respeitados pelo Estado, em relação a suas crenças, ao dar educação a seus filhos (*La Escuela Ultrapampeana*, XLVIII, p. 158).

Nos mesmos dias de evocar seu exemplo em favor do ensino sem dogmas, apagava-se em Concord, em 27 de abril de 1882, a existência do eticista. Sarmiento em um breve artigo expressivo, escreveu um carinhoso adeus ao que voltava ao seio de sua Natureza adorada, onde já lhe haviam precedido quase todos os seus companheiros de ideais e de ação. Em 26 de junho apareceu em *El*

Nacional de Buenos Aires aquela página comovente: *Emerson. Os deuses se vão!...* "Dizia-se de Emerson que era uma cabeça grega sobre as costas quadradas de *yankee.* A opinião geral é, agora, que durante quarenta anos, depois de vinte opostos a sua doutrina, ele teve a direção dos espíritos na América do Norte e viu formar-se uma escola de ideias emersonianas. Viveu sempre em Concord, supondo que, como poeta, devia viver sob as influências diretas da Natureza... Vivemos em tempos felizes, em que o talento do escritor e as ideias que difundiu em seu redor não fiquem por muito tempo estagnadas se forem auspiciadas pela paixão e o interesse da humanidade e do progresso. Diz-se que não há gênio a não ser nos trabalhos que afetam à espécie humana para sua melhora... Uma palavra proveniente do Rio de la Plata, que vai com consciência e amor unir-se aos amigos dos Estados Unidos, não há de ser abandonada pelos que sobrevivem em Concord" (*Obras*, XLV, p. 374).

Assim o formidável lutador do Sul saudava ao místico panteísta do Norte, sabendo que, por ser ouvida, nenhuma palavra deste hemisfério fora-lhe mais grata que a sua. E falava, talvez involuntariamente, como um discípulo, ao intitular, *Os deuses se vão* a seu artigo de adeus a um homem conspícuo na evolução da ética moderna; isso Emerson havia ensinado, em sua concepção natural da divindade, pondo uma partícula divina em cada ser humano, ensinando a crê-la perfectível, ascendente em virtudes, em santidade, até confundir-se o homem nessa ideal harmonia da Natureza que sua mente concebia como a essência e o espírito de Deus.

ORIENTAÇÕES MORAIS

I.   *Uma ética sem metafísica*
II.   *A crítica dos costumes*
III.   *Necessidade de caracteres firmes*
IV   *Não-conformismo e obediência*
V.   *Panteísmo*
VI.   *Ética naturalista*
VII.   *O otimismo e a perfectibilidade*
VIII. *A confiança em si mesmo*
IX.   *A bela necessidade*
X.   *Função social do não-conformismo*

I. UMA ÉTICA SEM METAFÍSICA

Na lição anterior, sem copiar a seus muitos biógrafos, nem pretender substituí-los, esboçamos a personalidade de Emerson; para mostrar um interesse argentino ao exame de sua ação e de seu pensamento, aproximamo-nos do esforço renovador dos *Transcendentais* norte-americanos com o ensaio fugaz de Echeverría, ao promover a *Jovem Argentina*, apontando suas semelhanças de inspirações e de finalidades. E lembrando a relação dessa corrente renovadora com a pedagogia social de Horace Mann, evocamos as vinculações pessoais e ideológicas de Sarmiento com o moralista de Concord.

Agora vamos examinar o conteúdo intrínseco do emersonismo, procurando resumir em alguns princípios concretos o pensamento vago e difuso de Emerson, que pela própria nebulosidade de seus contornos costuma ser objeto de interpretações heterogêneas.

Por mais que tenha sido eminente moralista; Emerson não pode ser chamado filósofo, se é que este nome deve ter um sentido mais claro do que lhe atribuem os que não estudaram nenhum problema filosófico. Emerson era orador e poeta; melhor orador que poeta. Como orador, tinha o temperamento dos sofistas clássicos; era, como estes, segundo diz um jornalista, um agitador da opinião pública, um propagandista. Como poeta, era-o por temperamento, por sua inclinação às razões sentimentais e imaginativas, com um temperamento muito superior às poesias que escreveu e inferiores, sem admitir comparação, às de Longfellow ou de Walt Whitman. Impregnado da herança religiosa comum a todos os habitantes da Nova Inglaterra, acentuava-se nele a circunstância de pertencer a uma família de pastores dissidentes, em que o ministério evangélico transmitiu-se de pais a filhos durante muitas gerações. Emerson era um místico; o misticismo corria em suas veias e dava colorido a toda sua personalidade moral.

A ética de Emerson, por sua falta de harmonia arquitetônica, é a antítese da ética de Spinoza; carece de estrutura e de sistema. Não há clareza em seus preceitos nem exatidão em seu método. Emerson pertence ao tipo dos grandes pregadores, tem mais de inspirado que de lógico, mais de profeta que de sábio. Fala sempre ao sentimento, raras vezes à inteligência; trata problemas que interessam ao grande público, não se importando com os problemas que preocupam aos metafísicos; prega para a humanidade como um todo, vendo-a através de seu povo; para isso, procura pôr-se em seu nível. Quer incitar em todos os seus ouvintes o culto da moral, com abstração de qualquer dogma ou doutrina religiosa; passa assim de uma razão ao seu oposto, emprega imagens, mostra exemplos, aproveita os sentimentos religiosos da maioria para orientá-los no curso da ética pura, sem preocupar-se nunca em ser coerente e ordenado, sem tomar nenhuma posição fixa diante dos problemas insolúveis, contradizendo-se em tudo o que não lhe interessa, se isso converge para seu único objetivo: levar a

PARA UMA MORAL SEM DOGMAS

todos uma mensagem básica, a *soberania da moral*. Basta ler seu ensaio assim intitulado para corroborar o que dizemos; em vão se buscaria nele, cedendo à sugestão do título, uma concisão clara do que é, todavia, a nota fundamental no conjunto de seus escritos. Emerson não era, pois, um filósofo nem bom nem mau. De fato, não o era. Aqueles que estudam filosofia têm o direito de reservar este nome à investigação dos problemas gerais mais distantes da experiência atual ou possível, que escapam aos métodos das ciências e excedem seus limites: o que em todo tempo e lugar constituiu o domínio da metafísica. E ainda que concebamos que seus horizontes, e as premissas para estudar seus problemas, variem incessantemente na justa medida em que se enriquece a experiência, que lhe serve de fundamento e ponto de partida, não podemos chamar de filósofos aos retóricos que agitam sentimentos sociais, nem aos simples eruditos que vivem ruminando a história das doutrinas filosóficas passadas. Cousin, propagandista, e Zeller, historiador, não têm lugar nenhum como filósofos, ainda que sejam louváveis a retórica de um e a erudição do outro. Quem pensaria chamar de poeta a um professor de declamação ou de literatura?

Filósofo é o que propõe novas soluções aos problemas filosóficos, ou delineia-os de maneira diversa, ou renova com originalidade as soluções já previstas. Se não fosse assim, acabaríamos por crer, como os jornais, que há uma filosofia do bom gosto, da esperança, da sensibilidade, da coragem, da felicidade ou da adivinhação, problemas, todos, que por sua própria imprecisão deleitam e descontraem aos que nunca poderiam entender uma página de Platão, de Tomás, de Spinoza ou de Hegel.

Emerson teve o discernimento de não confundir sua ética com uma filosofia. Movia-se no domínio das crenças religiosas e não no das doutrinas metafísicas; procurava dar uma direção ao misticismo humano ancestral, sem abordar problemas gnosiológicos ou metafísicos. Por isso, guardando-se de toda crítica, disse simplesmente: *"na ordem moral as verdades não são demonstradas"*.

Teria sido menos inexato se tivesse dito: a eficácia das crenças, para a ação, não depende de sua veracidade. Mas Emerson jamais apresentou uma linguagem exata, nem mesmo teve, como Spinoza, o desejo de fazê-lo.

Emerson renunciou inventar um sistema filosófico, podemos examinar sua posição dentro da ética, indicando os *leitmotiven* que reaparecem com insistência na série de seus escritos; e ainda que não possamos falar de suas doutrinas filosóficas, indicaremos sua atitude pessoal frente ao maior dos problemas, já que explica suas deduções éticas mais interessantes.

Em outra lição examinaremos as ressonâncias sociais do emersonismo sobre a evolução da experiência moral.

II. A CRÍTICA DOS COSTUMES

Um de seus primeiros discursos – que, de certo modo, torna-se uma autoapresentação – intitula-se *O Homem Reformador*; nele predominam o interesse pelos problemas sociais e a simpatia pelos homens que trabalham. Este ensaio parece-nos o de maior conteúdo sansimoniano, o que preludia mais claramente à agitação transcendentalista. "Devemos revisar" – diz –, "toda nossa estrutura social, o Estado, a escola, a religião, o matrimônio, o comércio, a ciência e examinar seus fundamentos em nossa própria natureza; não devemos limitar-nos a comprovar que o mundo foi adaptado aos primeiros homens, mas preocupar-nos com que se adapte a nós, desprendendo-nos de toda prática que não tenha suas razões em nosso próprio espírito. Para que nasceu o homem se não para ser um Reformador, um Recriador daquele que antes fez o homem, para renunciar à mentira, para restaurar a verdade e o bem; imitando a grande Natureza, que a todos abraça, sem descansar um instante sobre o passado envelhecido, refazendo-se a toda hora, dando-nos a cada manhã uma nova jornada e um novo pulsar de vida? Renuncie a tudo o que já não tem por verdadeiro, remonte seus

PARA UMA MORAL SEM DOGMAS

atos conforme sua primeira intenção, não faça nada quando não compreender que o próprio Universo dá-lhe razão." Não pode ser mais firme e radical um pensamento que o que coloca novas bases a toda ordem social, negando sua adesão às rotinas tradicionais.

A conferência *Sobre o tempo presente* é uma de suas primeiras palavras decisivas. "Os dois partidos onipotentes da história – diz – o partido do Passado e o partido do Porvir, dividem hoje a humanidade, como antes. Aqui está a inumerável multidão dos que aceitam o Governo e a Igreja de seus predecessores sem apoiar-se em outro argumento que o da posse... Essa classe, por mais numerosa que seja, repousando sobre o instinto e não sobre a inteligência, essa classe confunde-se com as forças brutas da natureza; e ainda que seja respeitável por esse aspecto, seus membros carecem de interesse para nós. O que desperta nosso interesse é o dissidente, o teorizante, o homem de aspirações, o que deixa essa antiga região para embarcar em um mar de aventuras." E Emerson embarca, sem hesitações, como veremos.

Seus biógrafos – admiradores literários ou compatriotas prudentes – parecem ter concordado em ocultar este aspecto, para mim simpático, de sua personalidade viril. O Emerson ancião e venerável, o que conheceu Sarmiento, parece-me digno do maior respeito, mas o encontro convencional, tedioso; o bom Emerson, de trinta, de quarenta anos, o autor de *Nature*, o diretor de *The Dial*, o animador dos *Transcendentais*, é o Emerson legítimo. Compreendo que para convertê-lo em gênio nacional, grato a todos os partidos, era preciso despojá-lo de tudo o que poderia desagradar aos que sempre o viram como um inimigo; mas assim já não é Emerson, não é o Emerson apóstolo e criador, mas um Emerson de vitrine patriótica ou de museu histórico, com todas as cãs e os adornos com que a humanidade rotineira costuma enfeitar seus ídolos.

Leia-se o ensaio *O Conservador* que, além de sua profunda psicologia contém algumas páginas literárias excelentes: É decisivo desde a primeira linha: "Os dois partidos que dividem o Estado, o partido conservador e o partido inovador, são muito antigos e disputam a posse do mundo desde que este existe. Sua querela é a trama da história dos povos. O partido conservador instituiu as veneráveis hierarquias e monarquias do Velho Mundo. A luta dos patrícios e dos plebeus, das metrópoles e das colônias, dos antigos costumes e das concessões aos fatos novos, dos ricos e dos pobres, reaparece em todos os países e em todos os tempos. A guerra não faz estragos somente nos campos de batalha, nas assembleias políticas e nos símbolos eclesiásticos; arde a toda hora e divide o coração de cada homem, levando-o a direções opostas. Contudo, o velho mundo continua girando, os vencedores alternam-se e o combate continua a renovar-se como da primeira vez, com nomes distintos e com condutores apaixonados. Um antagonismo igualmente irredutível deve estar, naturalmente, arraigado à constituição humana com uma profundidade correspondente a sua força. É a oposição do Passado e do Porvir, da Lembrança e da Esperança, do Assentimento e da Razão. É o antagonismo original, a manifestação de dois polos em todos os detalhes da natureza". Delineando assim o problema, analisa-o magistralmente; parece-me entre os ensaios emersonianos, um dos mais claros por seu conceito e dos mais atraentes por seu estilo. Não continuaremos a leitura, pois não saberemos a hora de parar enquanto não chegar o final.

As premissas que geram a necessidade de intensificar a educação moral são, para Emerson, puramente práticas e experimentais. A observação do meio em que vive o leva a comprovar uma visível disparidade entre o progresso material e o progresso moral, induzindo-o a analisar suas causas antes de aconselhar a solução. Diante do espetáculo da civilização moderna que põe a serviço de uma parte crescente da humanidade uma série de admiráveis inventos e descobrimentos, afirma sua fé no progresso e saúda com palavras jubilosas a diminuição progressiva do sofrimento material no mundo. Mas essa comprovação, longe de satisfazê-lo plenamente, o induz a perguntar-se se o progresso moral da humanidade anda junto com seus progressos técnicos, se o homem civilizado contemporâneo é melhor que o de há dois ou cinquenta séculos, se o coeficiente médio de moralidade social elevou-se sobre o de nossos antepassados.

Sua resposta é negativa. Vinte séculos de cristianismo não aumentaram a bondade individual dos homens nem aproximaram as sociedades do ideal de fraternidade pregado por Cristo.

Igrejas cristãs, tanto a anglicana como a católica, tanto a calvinista como as metodistas, parecem-lhe insuficientes para o progresso da moralidade; nelas impera o culto, mas diminui-se a fé na virtude; a superstição cega resiste às crenças iluminadas pela razão, os dogmas continuam domesticando vontades que os obedecem, mas não os amam. O fervor nas formas, no cerimonial, na liturgia, substituiu a simples piedade primitiva, convertendo cada Igreja em um partido político que aspira dominar a sociedade temporal, dividindo a humanidade em facções que se odeiam em vez de reuni-las em uma só e mesma comunhão universal, toda de amor e de solidariedade.

Os costumes sociais tendem a complicar inutilmente a vida, afastando o homem da natureza, que é a fonte única de sua felicidade. O supérfluo e o frívolo, disfarçados com frequência com o nome de refinamentos, aumentam de hora em hora a quantidade de sacrifícios estéreis que não servem para intensificar o ser. O homem, incentivado por paixões ambiciosas e egoístas, dá menos de si à comunidade e nela não encontra a cooperação moral que o estimularia a empreender grandes coisas, belas e desinteressadas.

O mundo particular dos políticos profissionais inspira-lhe terror. Como é possível que o interesse de reuniões, isentas de moral e de ideais progressivos, possa ser sobreposto ao interesse de toda a nação, de toda a sociedade? E é admissível que certos homens, não sendo os mais ilustrados nem os mais morais, tenham o direito de administrar os frutos da inteligência e do trabalho de todos, como se a sociedade tivesse que continuar pagando um imposto feudal a esse bando de bandidos que abandonaram os caminhos e as montanhas para refugiarem-se nas cidades? E não prova uma incapacidade moral do maior número, essa mesma possibilidade de que uns poucos maliciosos possam sobrepor sua atividade maléfica à necessidade social de encaminharmos à solidariedade, por meio do estudo e do trabalho?

No ensaio *A Política* (incluído na Segunda Série), ainda reconhecendo que a democracia é preferível para as nações novas, pronuncia-se contra todos os regimes políticos em massa. "Ainda que nossas instituições correspondam ao espírito da época, não estão isentas dos defeitos que desacreditaram outras formas de governo. Todo Estado está corrompido. Os justos não devem obedecer muito estritamente à lei. Que sátira contra os governos pode igualar a severidade da censura implicada na palavra política, que há séculos significa engano, dando a entender que o Estado é uma fraude?" Esta passagem e muitas outras similares, permitem-nos compreender a terna acolhida que os ensaios de Emerson sempre tiveram entre os anarquistas, o que não se explicaria se atendêssemos ao tom místico de suas palavras, sem penetrar seu pensamento, que é, com frequência, profundamente herético e revolucionário.

Seu "idealismo transcendental" é uma rebelião romântica e não uma atitude filosófica, com mais de estética que de metafísica. A divindade esvai-se em um ideal abstrato, sem personalidade sobre-humana; é, apenas, uma condição imanente da natureza, uma arquitetura moral do universo, que induz a descobrir nas imperfeições reais a possibilidade mesma de futuras perfeições. E em outro sentido, propriamente ético, quer ser o contrário do "utilitarismo", na acepção vulgar do termo, que dá a ideia de algo vil e pequeno: de oportunismo acomodatício, de hipocrisia suja, de centenas de formas ocultas de domesticidade e de avareza.

Não nos enganem, porém, as palavras. Essa noção denegrida do utilitarismo não tem relação alguma com as escolas morais chamadas utilitárias, interpretações teóricas que tendem a pôr na utilidade pessoal ou social os móveis íntimos da experiência moral. Neste bom sentido, Emerson era utilitário e desprezava toda conduta que não fosse útil ao aprimoramento do homem e da sociedade. Ia mais longe. Acreditava que a primeira preocupação do homem devia ser redimir-se da miséria, que só ensina a mentir e a adular; libertar-se economicamente pelo trabalho, bastando-se a si mesmo, sem esperar favores nem benefícios do Estado, parecia-lhe a base mesma da moralidade individual; e na incapacidade de bastar-se com seu próprio trabalho via a causa da degeneração moral, como esses animais que por viver parasitariamente de um hóspede acabam por perder os órgãos mais nobres de sua autonomia pessoal.

A independência econômica seria inútil, no entanto, para seres que não tivessem capacidade para pensar e atuar com independência moral. Por isso, a cultura deveria primar sobre a riqueza, que só pode ser seu instrumento e nunca um fim em si mesmo; pitorescamente afirma que "o valor de um dólar aumenta com a ilustração e a virtude do que o usa: um dólar, na universidade, vale mais que um dólar na prisão". E incomoda-se que a crescente prosperidade dos valores materiais não seja acompanhada ainda de um crescimento dos valores morais.

As consequências dessa falta de progresso ético na sociedade são visíveis ainda nas diversas ordens da atividade social. Os homens, tendo perdido sua fé nas forças morais que se arraigavam em superstições absurdas, tiveram debilitada sua confiança no valor do mérito próprio e da dignidade pessoal, tornando-se céticos e pessimistas. A minoração moral do conjunto traz como consequência a contaminação dos indivíduos; a sanção social torna-se tolerante; todos acostumam-se a consentir à imoralidade uns dos outros; a austeridade chega a ser vista como uma simplicidade ou asneira. Emerson deduz disso que o sinal mais típico do descenso moral de um povo é a ausência de grandes caracteres, de personalidades vigorosas, de homens que irradiam um pensamento iluminador ou sustentam com heroísmo cívico a grandes ideais de enaltecimento humano. Nessa tranquilidade de estanque, as forças de progresso social ficam entorpecidas ou paralisadas; os que pensam, os que renovam, os que criam, os que impulsionam o conjunto para um porvir melhor não recebem nenhum estímulo da sociedade.

Em suas premissas críticas, a atitude e a linguagem de Emerson coincidem com as de todos os moralistas. Bastaria lembrar que o único escritor argentino a quem podemos classificar com esse nome, Agustín Alvarez, partiu do exame de uma situação análoga, ainda contemplada nos países hispano-americanos, em seus livros *South America, Manual de Patologia Política* e *Aonde vamos?* antes de indicar a solução e formular seu credo, em *Educação Moral* e *A Criação do Mundo Moral*. Já que mencionamos a Agustín Alvarez, cremos ser oportuno dizer que quase todos os seus críticos e apologistas coincidiram em apontar certa concordância entre suas ideias e as de Emerson; muitos consideram-no como um verdadeiro emersoniano.

III. NECESSIDADE DE CARACTERES FIRMES

Diante da crise moral de seu tempo, Emerson busca sua causa e acredita poder apontá-la na *decadência progressiva das forças éticas tradicionais*. E ao contrário dos que buscam a solução na possível restauração dessas forças, afirma a necessidade de gerar novas forças morais, primeiro nos próprios indivíduos e em seguida na sociedade como um todo.

Emerson vê no tradicionalismo a paralisia, a morte. Se os homens deixaram de acatar certos dogmas do passado, isso deve-se a que estes dogmas tinham fundamentos falsos; e "ninguém, diz Emerson, pode sentir-se obrigado a ser virtuoso por submissão à mentira". O que é falso, morto está; é preciso dar-lhe sepultura. Saber que é falso e pregar sua volta, seria uma falta de vergonha, se não um crime; perdida a crença no caráter sobrenatural da obri-

PARA UMA MORAL SEM DOGMAS

gação moral, o único remédio está em buscar suas fontes naturais; de outro modo cairíamos de novo no absurdo de perseguir um ideal moral colocando-nos no caminho da imoralidade suprema, que é a mentira.

Uma moral em formação contínua, cada vez mais bem adaptada à natureza, perseguindo uma maior harmonia entre o homem e tudo o que o cerca, incessantemente perfectível enquanto a perfectibilidade é uma melhor adaptação da humanidade ao meio em que vive: tal é, desde a publicação de *Natura* (1836), a orientação geral da ética emersoniana. Em vão havia buscado Emerson nas morais europeias de seu tempo um modelo que lhe parecesse transplantável ao seu país; o Velho Mundo, minado por Igrejas poderosas que haviam sobreposto seus interesses políticos à primitiva moral pregada por Cristo, não podia servir de exemplo aos novos povos. A América devia buscar nas entranhas de sua própria sociabilidade as forças morais mais convenientes para seu progresso coletivo e à dignificação da vida humana. Seu famoso discurso aos estudiosos e intelectuais, o *Scholar* (1837), é um chamado eloquente ao estudo e à reflexão, ao embelezamento da vida pela cultura do espírito, desprezando todos os benefícios com que a política e os negócios tentam aos intelectuais. Como o músico que executa para o próprio deleite, tanto quanto para o de outros, Emerson fala "para inspirar aos demais a coragem e o amor, fortificando sua fé no amor e na sabedoria que estão no fundo das coisas; para afirmar sentimentos nobres; para ouvi-los em outros, onde quer que apareçam: e não para turvar a ninguém, senão, para atrair todos os homens à verdade, tornando-os cultos e bondosos". Mostra a esterilidade do talento extraviado pela frivolidade ou pela moda, percebendo como a maior insensatez, de opinar sobre o que não se estudou. Se o talento desenvolve-se à custa do caráter, maiores são os perigos e seus extravios quanto mais cresce; "por isso hoje tudo é falso, confunde-se o talento com o gênio, confundem-se os dogmas e os sistemas com a verdade, a ambição com a grandeza, a frivolidade com a poesia, a sensualidade com a arte; e os jovens, chegando com esperanças inocentes e olhando ao seu redor a educação, as profissões, os empregos, os mestres, o ensino literário e não religioso, descobrem que nada satisfaz suas nobres aspirações espirituais e ficam aturdidos, tornando-se céticos, perdem-se. E a juventude ficaria desesperançosa se, por graça divina, não tivesse bastante energia para dizer: tudo isto é falso e invenção humana, a verdade existe, nova, bela, eternamente benfeitora". A ordem é a primeira lei do progresso espiritual; as melhores atitudes perdem-se se deixamos nossa cultura à improvisação e divagamos sobre o que não entendemos. Para que servem a força, a habilidade, a beleza, uma voz grata, a educação ou o dinheiro para um louco furioso?" Todo aquele que é incapaz de continuidade e de sacrifício no estudo, pretendendo adivinhar mal em um minuto o que poderia estudar bem em muitos anos, é tão iludido e tão inútil como esse louco furioso. "Lendo os diários, vendo a audácia com que a força e o dinheiro trabalham para seus fins, pisoteando a honradez e a vontade dos bons, parece que o patriotismo e a religião gritam como fantasmas. Não falamos para esses, porque o fazê-lo parece coisa inútil; habitualmente preferimos manter nossa opinião e morrer em silêncio. Mas um espírito eloquente nos fará sentir que os Estados e os reinos, os senadores, os rábulas e os ricos, não são senão montes de vermes quando vistos à luz desta Verdade, débil e desprezada. Então sentimos quão covardes temos sido, venerando-os, apenas porque a Verdade é grande." Como fruto desta atitude independente espera-se que chegue um Renascimento e que todos os homens possam sentir-se capacitados para fazer seu próprio exame: "O que és? O que tens feito? Podes obter o que desejas? Há um método em tua consciência? Há uma direção em tua própria vida? Podes ajudar a outro?" Para isso a humanidade deseja e necessita de homens intensos, criativos e afirmativos. "O gênio não se diverte ao brilhar na arena, nem se ocupa de frivolidades; entrega-se a coisas essenciais; é uma força que se defende de si mesma, que existe originariamente, que resiste a todos os obstáculos. Possui a verdade e aferra-se a ela; nunca fala nem atua nessas ruazinhas em que se entra por curiosidade, mas nas "rotas principais da natureza, pré-existentes à Via Appia, em que todos os espíritos são forçados a transitar. O gênio só gosta das afirmações verdadeiras que atacam e ferem a tudo o que se lhes opõe; afirmações que são como pessoas viventes que diariamente declaram guerra a toda falsidade e a toda rotina; afirmações de que a sociedade não pode se livrar e que não pode esquecer, pois persistem, não se submetem a nenhuma autoridade, levantam-se severas e formidáveis porque não querem e devem ser fielmente executadas e realizadas." Nesse tom de apóstolo desenvolvem-se todos os primeiros discursos de Emerson; e não é estranho que, apesar de sua imprecisão, ou por ela mesma, conseguiram entusiasmar a todos os temperamentos românticos, prometendo-lhes que seriam uma geração de gênios, como os jovens alemães do *Sturm und Drang*.

IV. NÃO-CONFORMISMO E OBEDIÊNCIA

Desconhecendo o valor dos preceitos e dogmas tradicionais, como fundamento da ética, Emerson dá uma amplitude antes desconhecida ao *Não-Conformismo*, afirmado pelas Igrejas dissidentes da Igreja anglicana. Sem dúvida, vocês têm conhecimento desse episódio da história religiosa. Assim como o cristianismo foi uma heresia dentro do judaísmo e o protestantismo dentro do catolicismo, inúmeras seitas protestantes nasceram como heresias dentro da igreja anglicana. Durante o reinado de Elizabeth, em 1563, o parlamento inglês votou uma *Ata de Uniformidade*, fixando as doutrinas e o rito do culto anglicano, que foi em seguida renovada, em 1662, por Carlos II. Desde então chamam-se *conformistas* os que acataram a essa Ata, e *não-conformistas* os que negaram sua adesão,

JOSÉ INGENIEROS

generalizando-se depois o termo a todos os cristãos dissidentes que não aceitavam a autoridade dogmática da igreja anglicana.

Dentro dessa atitude comum, o não-conformismo, nascido como simples episódio de política religiosa, evoluiu de maneira bem diversa nas diferentes Igrejas dissidentes. Partindo do direito do livre exame, afirmado pela Reforma, algumas limitaram-se a simples afastamentos do dogma e do rito, enquanto outras estenderam progressivamente sua liberdade de crítica a todos os problemas teológicos, éticos e sociais; conservando-se cristãs, abriram amplamente suas portas a todas as doutrinas modernas, seguindo sem reticências, desde o início do século XIX, o curso das correntes de liberalismo nascidas pelo calor da renovação enciclopedista.

Esta era a posição da Igreja unitária na qual Emerson foi educado; nela, o não-conformismo já transbordava da dissidência inicial e continha os germens que se manifestaram amplamente no transcendentalismo. "Lutero, escreve Emerson, teria cortado a mão direita antes de cravar suas teses nas portas de Wittenberg, se pudesse imaginar que elas conduziriam às concisas negações do unitarismo de Boston." E o próprio Emerson, quando fala de não-conformismo, refere-se a um desacato sistemático de todas as ideias e coisas tradicionais; conformar-se à tradição parece-lhe renunciar à própria vida, cuja continuidade desenvolve-se em um incessante porvir. Ao conformismo cabe fechar nossa inteligência a toda nova verdade, apartar de nossa felicidade todo elemento não previsto no passado, negar a possibilidade mesma do progresso e da perfeição. Acatar aos interesses criados na ordem moral, assim como na material, significa negar o advento de uma humanidade moralmente melhor. Por que, pergunta-se Emerson, seguiremos bebendo águas estancadas em pântanos seculares, enquanto a Natureza continua nos oferecendo, no veio de suas rochas, a torrente de fontes cristalinas, que podem saciar nossa sede infinita de saber e de amor? Para ele as águas estancadas são os dogmas consagrados pela tradição e as fontes da rocha são as forças morais

PARA UMA MORAL SEM DOGMAS

que continuam manando de nossa natureza humana, incessantes, eternas. Essas forças morais, que chama de "divinas", nunca deixam de brotar, suas fontes jamais se secam; viver, como quer o tradicionalismo, quer dizer "pare!" à própria divindade, quer dizer "não!" a todos os ideais éticos da humanidade presente.

O não-conformismo, nesta significação ampla, apresenta-se a nós como a antítese do dogma da obediência; leiam algumas páginas que William James dedica a este assunto e reconhecerão, como ele, que é "impossível compreender, e até imaginar, que homens dotados de uma vida interior sua e própria, puderam chegar a considerar recomendável a sujeição de sua vontade à de outros seres finitos como eles". Parece-lhe inverossímil essa renúncia da personalidade, exigida por algumas ordens religiosas como um voto necessário para a profissão. A obediência não é a Deus, mas a outro homem, ao superior; e é curiosa a explicação pouco mística e muito utilitária que faz sobre ela o ilustre jesuíta Alfonso Rodriguez: "Um dos maiores descansos e consolos que temos, participantes da Religião, é este: que estamos seguros de que, obedecendo, estamos certos. O superior poderá errar em mandar isto ou aquilo; mas estejam certos de que ao fazer o que lhes mandam vocês não erram, porque somente a vocês Deus pedirá contas se fizerem o que lhes mandaram, e com isso vocês serão desencarregados de maneira suficiente diante de Deus. Não precisam dar conta, se foi bem aquilo, ou se teria sido melhor outra coisa; porque não pertence a vocês, nem será colocado isso em sua conta, mas na conta do superior. Fazendo as coisas por obediência, Deus retira isso de seu livro e põe no livro do superior". Assim entendido, o dogma da obediência traz implícita uma renúncia à responsabilidade moral: o homem converte-se em uma coisa, em um instrumento irresponsável a serviço de quem manda nele. E para que isto não seja solene, James transcreve de Sainte-Beuve (*Hist. De Port Royal*, I 346), uma anedota que mostra a extravagante interpretação que podem dar ao dogma da obediência os temperamentos sugestionáveis: "Sóror Maria Clara estava bastante afetada pela santidade e excelência de M. de Langres. Este prelado, depois de chegar a Port Royal, disse-lhe um dia ao vê-la ternamente unida à Madre Angélica, que seria melhor não voltar a falar com ela. "Maria Clara, sedenta de obediência, tomou como um oráculo divino aquelas palavras ditas inadvertidamente, e desde aquele dia ficou muitos anos sem dirigir a palavra a sua irmã de religião".

Mostrando o conformismo diante desta fase rigorosa em que é traduzido o sentimento de obediência, vocês podem compreender melhor, por contraste, qual é o horizonte máximo em que Emerson pôde dilatar seu não-conformismo.

O direito de crítica e de livre exame prolonga-se até as fontes da moralidade humana; é o direito de buscá-las, de afirmá-las, de aproveitá-las para o porvir, impregnando delas a educação, ajustando-as progressivamente à conduta dos homens. A sabedoria antiga, hoje condensada em dogmas, só pode ser respeitável como ponto de partida. Vista dessa maneira convém respeitá-la e aproveitar dela tudo o que não seja incompatível com as verdades novas que incessantemente vão se fazendo; mas acatá-la como uma norma flexível da vida social vindoura, confundindo-a com um termo de chegada que nossa experiência está condenada a não ultrapassar, é uma atitude absurda frente à evolução incessante de toda a natureza acessível ao nosso conhecimento.

Delineado, desse modo, o não-conformismo de Emerson, ainda que sempre emaranhado por sua linguagem literária e mística, é apresentado a nós como uma concepção moral antidogmática e essencialmente evolucionista, como a antítese de um sistema teórico hermético, como afirmação de um pragmatismo ético aberto a toda eventualidade de aperfeiçoamento moral, ilimitado. Não tenho necessidade de explicar aos que conhecem a doutrina da perfectibilidade, comum nessa época a todos os sansimonianos, que a posição de Emerson está plenamente de acordo com ela, não obstante a linguagem religiosa que a traduziu; porque Emerson, em tudo e sempre, conservou a "maneira" religiosa aprendida em sua juventude e imposta por seu ambiente, mesmo quando suas ideias tomavam uma direção contrária.

V. PANTEÍSMO

Divindade, Natureza, Moralidade, são três termos que tendem a significar a mesma coisa nos escritos de Emerson. Tudo que é natural é divino, tudo o que é divino é moral, tudo o que é natural é moral. Para elevar nossa Moralidade devemos voltar às fontes da Natureza e à medida que conseguimos isso, arraigamo-nos à Divindade.

Dissemos, com isso, que Emerson é panteísta. Não saberíamos explicar, pois não compreendemos, em que medida seu teísmo absoluto distingue-se de um ateísmo absoluto; o mesmo ocorre, por outro lado, com a quase totalidade dos panteístas. Note-se, com efeito, que o panteísmo oscila entre duas posições metafísicas extremas que parecem se confundir; é possível que vocês já tenham ouvido dizer que todos os extremos se tocam. Uma verdadeira substanciação do infinito no finito, de Deus na Natureza, como todos os panteísmos de tipo emanantista sugerem, implica uma explicação verbal da Divindade como causa da própria Natureza, sem que nada distinga ou separe uma da outra; equivale, no todo, a dizer que a Natureza é tudo o que conhecemos de Deus. Não é possível, por outro lado, examinar de boa fé nenhum sistema idealista absoluto sem ter a impressão de que seu autor é ateu. Hegel o é tanto quanto Spinoza; suas concepções, neste ponto distinguem-se apenas por palavras: Hegel chama devir eterno da "ideia" ao que Spinoza concebe como transfiguração eterna da "substância". Não percamos de vista que o idealismo e o materialismo absolutos, como doutrinas metafísicas monistas, só diferenciam-se por seu vocabulário, ainda que seja mais cômodo adotar o primeiro nome e aborrecer o segundo, pelo equívoco moral dificilmente evitável ao pronunciar essas palavras. Há em tudo isto bastante artimanha verbalista e fica evidente que muitos filósofos – ateus quanto à religião efetiva em seu meio – procuraram disfarçar seu pensamento. Conceber o universo material como a emanação do "Espírito" – em vez de "Deus" – não equivale à posição do monismo energético? Substituir as palavras espírito e energia modifica em essência esta hipótese metafísica? Muda, certamente, com o nome, a associação à hipótese metafísica central de outras noções secundárias historicamente implicadas nas diversas denominações de um mesmo sistema cujos elementos evoluem.

O pampsiquismo é o que mais se parece em metafísica ao materialismo; o panteísmo é o que há de mais semelhante ao ateísmo. Infundir o espírito em toda a matéria é o mesmo que negá-lo independentemente dela, ainda que permita divagar ilimitadamente pretendendo o contrário; pôr Deus em toda a Natureza, equivale a negar que haja deuses fora dela. Todos estes modos de falar "de maneira difícil", podem ser reduzidos, sem medo de errar, a um tipo único de doutrinas monistas, ou seja, concepções metafísicas do universo convergentes à unidade.

O problema, falando "de maneira fácil" é outro: monismo ou dualismo; há também quem fale de pluralismo, seja como variante do primeiro, seja como complicação do segundo. Esse é o problema efetivo: Deus e Natureza, Espírito e Realidade, Númeno e Fenômeno, Alma e Corpo, Energia e Matéria. Tudo isso é dualismo, e em todas as suas expressões há sempre o mesmo equivalente: causas, imponderáveis e inacessíveis à experiência movendo-se em um plano distinto do que podemos conhecer, só acessíveis à hipótese pura, não como abstração de experiência, mas como invenção absoluta, assuntos de fé para muitos, demonstráveis pela razão segundo poucos.

Emerson, para entendermos, é monista e não dualista, ainda que sua linguagem pouco exata sugira às vezes o contrário; francamente, creio que costumava equivocar-se de propósito, para não contrariar a uma sociedade religiosa sobre um assunto metafísico ao qual ele mesmo não atribuía a menor importância prática. Agregarei, em sua desculpa, que na maior parte dos panteístas costuma-se descobrir a mesma atitude atenta para com as crenças sociais mais difundidas. É uma gentileza explicável, já que a humanidade tem horror ao ateísmo.

Emerson associa Deus à natureza e Espírito ao pensamento humano, deixando que cada um entenda isso de acordo com suas opiniões. Para bom entendedor... E o entenderam, sem dúvida, os teístas e animistas legítimos que durante sua época de pregação militante o acusaram mil vezes de ateísmo, oferecendo-lhe o atributo de "hipocrisia", daquela "hipocrisia unitária" dada já a Channing e os seus.

Emerson dá milhares de explicações distintas da Divindade: "força imponderável", "lei invisível", "inteligência misteriosa", "motor supremo", "realidade do todo" "essência da natureza", "perfectibilidade infinita", etc.; mas sempre, invariavelmente, afirma que a Divindade é inerente a toda natureza e está difundida em todas as partes que constituem sua unidade. Basta entregar-se, sem intermediários, à Suprema Sabedoria, que está em tudo o que existe, para identificar-se com a Divindade, reconhecer-se parte dela e ser ela mesma. Assim insensivelmente, por meio da ambiguidade verbal, Emerson sugere que a Divindade é a perfeição moral que põe o homem em harmonia com a natureza.

VI. ÉTICA NATURALISTA

O conceito panteísta da divindade, que converte Deus em uma abstração pura, em uma fórmula, contrasta evidentemente com outros sentimentos ancestrais, da humanidade, que levam a conceber um ou mais Deuses com realidade própria, alheios à Natureza, Deuses vivos e atuantes, com atitudes ou funções distintas das humanas, capazes de justiça e de perfeição absolutas. As religiões de linhagem judia postulam nessa forma extra natural a hipótese de um Deus criador e árbitro do universo, com ou sem uma corte de pseudo-deuses menores, imaginados, aquele e estes, à semelhança do homem; toda outra interpretação, equivale, para elas, a negar a própria divindade.

Nessa distinção entre o sobrenatural e o natural fundam-se as relações entre o humano e o divino, fonte de toda ética religiosa.

A lógica pura se satisfaz com o panteísmo; a moral prática, não. Este inconveniente é comum com os outros sistemas monistas; para salvá-lo, o próprio Kant teve que evitar o monismo ao qual o levava sua *Crítica da Razão Pura* – que é uma "Lógica"– postulando o dualismo que flui de sua *Crítica da Razão Prática* – que é uma "Ética".

Emerson apresenta a clássica antinomia do "mundo físico" e do "mundo moral" como um simples documento da experiência, sem preocupar-se em delineá-la como um problema metafísico. Limita-se a afirmar a correlação ou paralelismo entre tudo que é físico e tudo que é moral; atitude análoga, cômoda ainda que extrafilosófica, adotou o moderno paralelismo psicofísico, que assim evita delinear o problema da alma, eliminando-o da psicologia e relegando-o à metafísica.

Certas contradições em que Emerson incorre, desculpáveis em um moralista e correntes na literatura de imaginação, seriam inconcebíveis em um filósofo digno deste nome. Ouçam: "toda a natureza é a imagem do espírito humano", diz, e acrescenta: "as leis do espírito dependem da harmonia da natureza". Não lhes parece a mesma coisa? Reflitam um minuto e compreenderão que é exatamente o contrário; o primeiro implica idealismo a Hegel, o segundo sensacionalismo a Condillac. "Deus está vibrante em tudo e o vemos em todas as coisas da natureza" e "a natureza, e somente ela, é toda a divindade", são proposições que implicam concepções opostas da divindade, ainda que pareçam dizer a mesma coisa; a primeira proposição é conciliável, por exemplo, com a filosofia

Vedanta, com Parmênides, com os alexandrinos; a segunda com a filosofia Sankhya", com Heráclito, com os estoicos. Certamente, todas são panteístas, umas precursoras do espiritualismo transcendental e outras do naturalismo transcendental; místicas aquelas e realistas estas; emanando umas o finito do infinito, definindo as outras o infinito no finito.

Emerson não trata dessas questões. Para ele, moralista e não metafísico, depois de estabelecida a correlação entre o mundo moral e o mundo físico, todo o problema da ética resolve-se em seguir a Natureza, que marca a senda da perfeição. O homem pode equivocar-se e decair; a Natureza não se equivoca nem decai. É, pois, a mestra do homem, a que o leva de volta ao bom caminho. É o reflexo ou a objetivação do espírito divino: "uma paisagem" – diz – "é uma face de Deus". Não podendo compreender a Deus em si, aconselha a estudá-lo na Natureza, cujas leis são morais e devem ser ouvidas como a própria palavra divina.

Em seu famoso discurso de 1838 expressou essa ideia de um culto puro de leis morais abstratas, independentemente de qualquer dogma religioso. "Estas leis executam-se por si mesmas. Estão fora do tempo, fora do espaço e não sujeitas às circunstâncias. Assim, na alma do homem existe uma justiça cujas atribuições são imediatas e completas. Aquele que cumpre uma boa obra, no momento fica enobrecido. O que executa um ato baixo e vil, é pelo próprio fato rebaixado. Aquele que rejeita a impunidade reveste-se de pureza tão-somente por esta razão. Se um homem é justo, de verdadeiro coração, é Deus enquanto é justo; a certeza, a imortalidade e a majestade de Deus entram, com a justiça, naquele homem. Se um homem muda, trai e engana, por isto mesmo engana a si mesmo, e sai de sua própria consciência moral; o caráter chega sempre a ser conhecido. O furto não enriquece; a esmola nunca empobrece a ninguém; do assassino falam até as paredes. A mais leve sombra de fraude destrói espontaneamente todo bom efeito. Em troca, diga sempre a verdade e todas as coisas falarão em favor de você; até as raízes das ervas parecerão mover-se sob a terra, para exaltá-lo. Porque todas as coisas procedem do mesmo espírito, chamado com nomes distintos: amor, justiça, temperança, segundo suas diversas aplicações, como o oceano, que recebe nomes diversos, segundo as praias que banha. Quanto mais se separa um homem destes confins, tanto mais é privado de poder e ajuda. Seu ser contrai-se..., torna-se cada vez menor e mesquinho, um grão de poeira, um ponto, até chegar à maldade absoluta, que é a morte absoluta também. A percepção desta lei desperta em nossa mente um sentimento que chamamos sentimento religioso e que constitui nossa mais elevada felicidade. É maravilhoso o poder que tem de encantar-nos e de impor-se a nós como o ar que se respira nas montanhas. É o que dá perfume a todo o mundo, sublimidade ao céu e aos montes; é o canto silencioso das estrelas na noite, a beatitude do homem, que o torna partícipe do infinito... Todas as expressões deste sentimento são sagradas e permanentes em proporção a sua pureza. Comovem-nos mais profundamente que todas as demais. Os fatos passados que destilam essa piedade estão ainda frescos e flagrantes. A impressão única e incomparável produzida por Jesus sobre a humanidade, pelo qual seu nome não está escrito, mas gravado na história humana, é uma prova da sutil virtude desta penetração."

Romântico, sem deixar de ser puritano, Emerson continuou sendo um místico quando se pôs na corrente de adoração à Natureza em que já navegavam todos os continuadores de Rousseau e de Goethe. Ainda que voltasse mil vezes ao tema, parece-me que é nas primeiras páginas de *Nature* em que se traduz melhor seu misticismo panteísta, bastante entorpecido de literatura.

VII. O OTIMISMO E A PERFECTIBILIDADE

A inexatidão da linguagem corrente, que já mostramos tantas vezes, nos obrigará a nos determo-nos sobre o sentido *otimista* atribuído geralmente à ética emersoniana.

PARA UMA MORAL SEM DOGMAS

Do ponto de vista filosófico deveriam ser consideradas otimistas aquelas doutrinas que contemplam o universo como uma obra perfeita e inferem disso que a vida do homem em nosso planeta desenvolve-se na melhor das formas possíveis: "tudo acontece sem melhoras no mundo mais imelhorável". Assim pensava-se, mais ou menos, na Academia e no Pórtico, na escola de Alexandria, assim acreditavam Anselmo e Tomás, e assim também inclinaram-se a ver as coisas Descartes e Leibnitz. Se tivessem dito que nada pode ser distinto de como é, omitindo todo juízo qualificativo, sua opinião equivaleria a reconhecer a determinação natural do existente e que o desejo humano não influi em nada na constituição do universo. O próprio conceito da harmonia universal ficaria reduzido à comprovação de que tudo que existe ordena-se conforme regras gerais que concordam com certos resultados da lógica matemática considerados como formas de raciocínio perfeito. As aplicações éticas deste otimismo conformista, que Plotino chega até mesmo a pretender que são grandes bens para o homem a prisão, as guerras, as epidemias e a própria morte, foram, em todo o tempo, objeto de críticas favoráveis; Voltaire, em seu famoso *Cândido*, disse a última palavra, que ninguém pôde contradizer de maneira eficaz.

Filosoficamente, a doutrina contrária – note-se bem, contrária – ao otimismo, seria a doutrina do progresso ou da perfectibilidade, que foi, como sabemos, um dos temas habituais do sansimonismo; é um pressuposto necessário, em definitivo, na conduta de todos os reformadores militantes. Como tal domina em Emerson e em Echeverría, inspirados nas mesmas fontes do romantismo social francês.

O uso, árbitro da linguagem, deu ao termo otimismo uma significação contrária à significação filosófica; quando se diz que alguém é otimista procura-se significar sua fé no advento futuro de um bem maior, implicando a possibilidade de uma perfeição. É o valor ético o que caracteriza o vocábulo, e não seu sentido filosófico; e, na verdade, os próprios filósofos não deixaram de conciliar verbalmente uma coisa com o seu contrário, pois Leibniz, em sua Teodiceia, procura ensinar que o conceito da perfeição universal deve ser entendido como uma perfectibilidade infinita de toda criação.

Emerson, como reformador, crê que o existente não é perfeito em si, mas afirma que marcha na direção de um aperfeiçoamento inevitável, que para o homem, em particular, traduz-se em uma dignificação de sua vida. Tudo o que existe está sujeito a uma lei de melhoramento progressivo, de onde se infere o advento inevitável de um bem cada vez maior, mensurável por esse conjunto de satisfações naturais em que o homem faz consistir sua felicidade. Afirmar a soberania da moral significa, precisamente, pôr como base da conduta humana a adaptação a esse maior bem possível, que aumenta a felicidade de todos; e a imoralidade, o vício, o crime, só são concebidos como atitudes contrárias a essa adaptação. "Cada linha da história – diz – inspira a convicção de que não podemos avançar muito tempo no erro ou no mal, pois as coisas tendem a dirigir-se por si mesmas. A moral que surge do quanto aprendemos é que tudo justifica a Esperança, mãe fecunda das reformas. Nosso papel, evidentemente, não é o de sentarmos até vermo-nos convertidos em pedras, mas de contemplar as auroras de todos os amanheceres sucessivos, colaborando para as novas obras dos dias novos." Trata-se, explicitamente, de não contemplar a vida humana como a melhor das coisas no melhor dos mundos – que seria o otimismo filosófico –, mas de afirmar sua perfectibilidade incessante no porvir: o que atualmente costuma ser chamado "otimismo social".

Há uma posição secundária, muito interessante, na ética emersoniana: a negação do mal, da culpa e do pecado. Para Emerson, o mal não existe no mundo como entidade positiva, mas como uma ausência do bem. O que habitualmente denomina-se de mal seria um simples não bem ou menos bem; a maldade humana seria uma incapacidade para a virtude, uma ausência de fé no bem ou de "graça" natural, concebida como aquela fé que João Agrícola opunha a Lutero, contra a lei, na disputa dos "antinomianos"; ou como aquela outra graça divina de Malebranche, que foi motivo místico de discórdia entre Bossuet e Fenelón.

Com duas diferenças fundamentais, visto que Emerson concebe a atitude aprimoradora como uma qualidade da própria natureza humana; e afirma que essa verdadeira graça natural pode ser adquirida e desenvolvida porque o homem, sendo ele mesmo uma parte da divindade, traz consigo a capacidade para o bem, uma partícula de graça capaz de florescer... Detenho-me, neste ponto, temeroso de que em meu desejo de explicar ao leitor o que o próprio Emerson não entende com exatidão, acabem vocês por perder a visão clara e única do conjunto que nos interessa.

Basta-nos saber que nega a existência de um mal em luta eterna contra o bem, do clássico Arimam contra Ormuz, do Diabo contra Deus, do Inferno contra o Céu, e que se inclina a pensar que nos bons e nos maus só há graus distintos de divindade em ação, de aproximação à Natureza, de fusão na *Over Soul*, ou Alma Suprema, cujo caráter vocês poderão deduzir do seguinte parágrafo: "A Crítica suprema dos erros do passado e do presente, e o único profeta do que será, é essa grande Natureza na qual repousamos como a terra repousa docemente nos braços da atmosfera; essa Unidade, essa Alma Suprema, na qual cada ser está contido e unido, une aos demais; esse coração comum, do que toda conversação sincera é o culto e ao que é uma submissão a toda boa ação; essa onipotente realidade que confunde nossas habilidades e nosso gênio, obrigando-nos a sermos o que realmente somos, a revelar-nos por nosso caráter e não por nossas palavras, e que tende cada vez mais a transfundir-se em nossos pensamentos, e em nossas ações, para converter-se em sabedoria, virtude, poder e beleza. Nossa vida é composta de sucessões, de divisões em partes e em partículas. No entanto, o homem é a alma de tudo; e esse poder profundo no qual existimos e cuja beatitude nos é totalmente acessível, não só é completo por si mesmo (*self sufficing*) e perfeito em cada momento, mas é simultaneamente o ato de ver e a coisa vista, o espectador e o espetáculo, o sujeito e o objeto. Vemos o mundo pedaço por pedaço, o sol, a lua, o animal, a árvore; mas o todo, de que essas coisas são as partes salientes e radiantes, o todo é a Alma. Só pela visão dessa sabedoria podemos ler no horóscopo das eras; e somente voltando-nos para nossos melhores pensamentos, cedendo ao espírito profético inato em cada homem, podemos compreender as advertências dessa sabedoria" (*A Alma Suprema*). Esta citação precisa ser traduzida: *a Alma da Natureza, da qual o próprio homem é parte, marca o caminho para a perfeição*. É mais simples, sem dúvida, mas, como vocês sabem, uma das coisas até agora mais admiradas pela humanidade tem sido a arte de ocultar com retóricas obscuras as coisas mais claras, sem compreender que só chegam a falar claramente os que pensam com clareza.

Procedendo como um juiz que entre cem testemunhos divergentes ou contraditórios consegue ao final restaurar uma verdade aproximada, podemos encontrar uma posição de equilíbrio através das inúmeras oscilações que sofre o pensamento de um filósofo ou de um moralista. Para isso devemos distinguir os conceitos definidos e as divagações puramente verbais, tão frequentes em Emerson como em todos os retóricos. Em um de seus ensaios (*Leis do Espírito*) define bem seu conceito da naturalidade do instinto moral, que é dominante em toda sua ética. "A vida intelectual pode conservar-se sã e clara, se o homem vive a vida da natureza e se não introduz em seu espírito dificuldades que não lhe servem para nada. Ninguém deve se atormentar com especulações inexplicáveis. Que o homem faça e diga o que emana estritamente dele mesmo, e por mais ignorante que seja, não será sua natureza o que lhe traz dúvidas e obstáculos. Nossos jovens sofrem por causa dos problemas teológicos do pecado original, a origem do mal, a predestinação e outros análogos. Essas coisas não obscureceram nunca a rota dos que não saíram de seu caminho natural para ir buscá-las. Essas coisas são a coqueluche, o sarampo do espírito, e os que não padeceram delas não podem descrevê-las nem prescrever remédios. Um espírito singelo e natural não conhece esses inimigos. Coisa distinta é poder explicar nossa fé e a teoria de nossa liberdade, de nossa unidade, de nossa "união conosco mesmos". Isto exige dons não comuns. Todavia, mesmo nesse conhecimento de si, pode haver uma força virgem e uma integridade natural que impulsione nossas crenças: bastam-nos alguns instintos poderosos e algumas regras simples." A personalidade intelectual e moral forma-se espontaneamente, zombando de nossa vontade de nutri-la com artifícios: "Os estudos metódicos, os anos de educação profissional e acadêmica, não proporcionaram à minha experiência dados melhores dos que aprendi em algum livro ingênuo, lido às escondidas sob a carteira da aula de latim. O que não chamamos educação costuma ser mais precioso que o assim denominado. Quando nos chega uma impressão ou um dado novo, não podemos suspeitar da importância que isso terá para nós". *Ergo*: é preciso que deixemos a natureza operar espontaneamente, confiando nela, não a contrariando. "Igualmente – continua – nossa natureza moral está viciada pela intervenção artificiosa de nossa vontade. Há pessoas que representam para si a virtude como uma luta, e que se dão ares de heróis para qualificar seus méritos penosos; e cada vez que surge uma nobre personalidade, agitam os miolos para discutir se não tem mais mérito o mau que vive lutando contra a tentação. Não se trata de apreciar o mérito. Deus está ali, ou não está. Amamos os caracteres em proporção de sua espontaneidade, de sua força de impulsão. Quanto menos um homem conhece suas virtudes, quanto menos pensa nelas, tanto mais o amamos. As vitórias de Timoleão são as melhores: fluíam como os versos de Homero, ao falar de Plutarco. Quando vemos um espírito cujos atos são todos grandes, graciosos, tão agradáveis de ver como se fossem uma rosa, agradeçamos a Deus que coisas assim possam existir e existam, não torçamos o nariz para isso, não digamos: este infeliz, com suas resistências teimosas e todos os seus diabos íntimos, vale mais que você." Dessas reflexões, e de outras semelhantes, Emerson deduz seu otimismo moral como possibilidade do aperfeiçoamento humano aproximando-se das leis da natureza: "Essas observações demonstram-nos forçosamente que nossa vida poderia ser mais simples e mais doce do que a fazemos; que o mundo poderia ser mais feliz do que é; que não há necessidade de complicar a existência com lutas, convulsões, desesperanças, prantos e sofrimentos; que somos os inventores de nossos próprios males. Preocupamos em romper o otimismo da natureza; cada vez que subimos ao cume para olhar o passado, ou que um espírito de nosso século, o mais sábio entre nós, eleva-nos até sua altura, damo-nos conta desta verdade fundamental: estamos rodeados de leis que cumprem a si mesmas".

Creio necessário expressar-lhes uma impressão pessoal sobre o otimismo de Emerson. Quando pela primeira vez visitei a Universidade de Harvard, em companhia do naturalista argentino Cristóbal Hicken, este concordou gentilmente com meu desejo de começar pelo Departamento de Filosofia; cujo nome, *Emerson Hall*, dobrava meu interesse. Dois metros de neve haviam caído naquela manhã de janeiro e continuava a nevasca cobrindo o céu; na penumbra do amplo vestíbulo avistamos a estátua do eticista e fomos instintivamente em sua direção. Houve um minuto de contemplação muda. –Era muito robusto! – exclamou o botânico, – Por isso foi otimista – comentei com minha experiência de psicólogo.

Em meu diário de viagem fiz constar o caso; é uma explicação psicológica do otimismo, talvez a mais importante. Os homens sãos de corpo e de mente são, geralmente, otimistas e afirmativos; os enfermos e os desequilibrados costumam ser pessimistas e cépticos. A saúde é bondade, tolerância, firmeza, simpatia, solidariedade, admiração; os temperamentos equilibrados ignoram a maldade, a perseguição, a inconstância, o ódio, o egoísmo, a inveja. Emerson teve a moral que correspondia a sua saúde e a seu equilíbrio: seus ideais foram a ressonância harmônica de uma bela Natureza em um Organismo exemplar.

VIII. A CONFIANÇA EM SI MESMO

Bastante característico dos ensaios de Emerson é, sem dúvida, o título *Confiança em si mesmo.* Seu tom individualista chega, em certos momentos, a parecer antissocial; é o mais citado pelos místicos anarquistas, e lembro que em minha adolescência foi o primeiro que li, induzido a isso por um condiscípulo ácrata.

O ensaio é, rigorosamente, um sermão por seu estilo declamatório, obsecrativo em certas passagens; seu verdadeiro tema é a *expansão da personalidade humana.* Habitualmente só a mostramos em parte, condescendendo à hipocrisia social: "poder-se-ia dizer que temos vergonha desse pensamento divino que cada um de nós representa. É necessário, todavia, confiar nela com segurança, considerando-a proporcional a nossas forças e certa de não fracassar, desde que a interpretemos fielmente. Deus não quer que sua obra seja realizada por covardes. Um homem sente-se aliviado e contente quando coloca todo seu coração em sua obra, quando faz o melhor que pode. O que disse e fez de outro modo, não o satisfaz". É o grito do romantismo individualista, a palavra de rebelião que reivindica os direitos da personalidade contra toda coação social: "Creia em ti mesmo: vibre todo coração com este chamado inflexível. Aceite o lugar que o destino deu a você, a sociedade de seus contemporâneos, o encadeamento dos acontecimentos. Os grandes homens sempre o fizeram, confiando como filhos no gênio de sua época, refletindo-o em suas obras; essa confiança absoluta penetrava em seus corações, e a missão de trabalhar por suas mãos dominava todo seu ser. Nós também somos homens e devemos aceitar, em seu sentido mais elevado, esse mesmo destino sublime; não somos menores inválidos refugiados em um asilo, nem covardes fugitivos ante uma revolução, mas guias, salvadores, benfeitores, obedecendo a um esforço onipotente e avançando sobre o caos das trevas". O egotismo não foi maior em Stendhal ou em Vigny; é digno, por seu tom, de ser comparado ao de Stirner ou ao de Nietzsche.

Seu paralelo entre a liberdade da criança e a escravidão do homem é de grande interesse. A criança faz o que quer com espontaneidade e diz naturalmente o que pensa. "Uma criança em um salão é como um banqueiro em uma casa de jogo: independente, irresponsável, olha de um canto para as pessoas que passam, julgando-a, pronunciando sua sentença segundo seus méritos, e qualificando-as com a sumária vivacidade das crianças, em bons, maus, interessantes, bobos, chatos. Não atrapalhando seu interesse nem as consequências de suas palavras, dá seu veredicto independente e sincero. Faça-lhe a corte, se quiser; ela não lhe fará nunca. O homem, pelo contrário, está, por assim dizer, aprisionado por sua experiência. Enquanto fala ou faz coisas significativas, está perdido; é vigiado pelo ódio ou pela simpatia de muitas centenas de homens, cujos juizos e sentimentos gravitam sobre ele para sempre." Se continuasse observando e julgando, do alto de sua inocência natural, esse homem poderia ser uma personalidade formidável, e sua palavra chegaria aos ouvidos de todos como um dardo; mas a sociedade conspira, em todas as partes, contra a virilidade de cada um de seus membros. A sociedade é como uma companhia de acionistas que se entendem para o progresso do conjunto, sacrificando a liberdade e a expansão de cada um; "a virtude mais desejada é a *conformidade* com os demais; chega-se a odiar aos que confiam em si mesmos. Não são as qualidades reais e os espíritos criadores, o que ali se ama, mas as reputações e os interesses criados. O que quer ser um homem deve ser um não-conformista. O que quiser adquirir as palmas da imortalidade não deve deixar-se deter pelo que se chama convencionalmente o bem; deve averiguar por si mesmo se o é realmente. Nada é sagrado fora da integridade de sua própria consciência moral. Se vocês puderem absolver a si mesmos, terão o sufrágio do mundo".

Meditem nas três últimas frases: são a sinopse de sua moral. A obrigação e a sanção já não emanam do sobrenatural, mas do homem. A clássica confiança em Deus das morais teológicas converteu-se na confiança em si mesmo; e o homem é agora a única divindade que dirige a experiência moral.

Observem que, na apreciação popular, as virtudes são antes a exceção e não a regra: existe o homem e existem as virtudes, separadamente. Os homens fazem o que chamam de boas ações, como se pagassem um imposto para serem bem julgados. "Suas virtudes são penitências. Não quero expiar, mas viver. Minha vida existe por si mesma e não para dá-la como espetáculo. Prefiro dar-lhe um curso modesto, mas igual e natural, a torná-la brilhante e contraditória. Quero-a sã e doce, e não irregular, precisando de dietas e sangrias." O juiz da própria virtude deve ser ele mesmo, sem esperar o juízo dos demais sobre as próprias ações. "Não consinto em pagar como um privilégio, o que considero meu direito intrínseco. O que devo fazer é coisa que concerne a minha personalidade e não o que as pessoas creem que devo fazer." "Na sociedade é fácil viver ajustando-se à opinião dos demais; viver de acordo com a nossa, só é possível na solidão. O grande homem é aquele que conserva no mundo, com perfeita doçura, a independência da solidão." Renunciemos a seguir lendo; sobre este último tópico há uma página quase perfeita (em *A Ética Literária*), que começa aconselhando ao homem de estudo que abrace a solidão como a uma esposa.

No ensaio sobre a confiança em si mesmo, vemos Emerson na fase juvenil e negativa comum a todos os românticos; sua afirmação da personalidade é francamente hostil a toda solidariedade social. É um anarquista no sentido mais rigoroso da palavra, um stirneriano antes de Stirner, um nietzschiano antes de Nietzsche.

Mas em Emerson, como nos demais românticos, e especialmente nos sansimonianos e nos fourieristas, a rebelião contra o dogmatismo social transformou-se muito cedo em um verdadeiro e próprio *messianismo*, em um anseio por reforma social, por reconstrução conforme os planos ideais que sempre se pretendem fundamentados na observação da realidade social. Se não queremos estudar essa evolução em Leroux ou Fourier, nos quais parece evidente, basta-nos comparar Echeverría lamuriante e desanimado, o poeta romântico dos anos trinta, com o Echeverría profético e otimista da *Jovem Argentina*. Em todo o mundo a segunda geração romântica gerou uma corrente política e de ação, o romantismo social, que em Emerson foi predominante na época do *Clube dos Transcendentais*. Foi aí que viu que a renovação moral do homem, seu aperfeiçoamento, só era possível pela renovação global da sociedade; desde essa época, como complemento da educação individual pela confiança em si mesmo, indica a educação social para a solidariedade e a justiça. E assim como antes vira o mais alto fim da ética na reintegração do homem à harmonia da natureza, compreendeu que a sociedade humana podia voltar também a suas fontes, colocando-se o indivíduo e a sociedade juntos em um mesmo caminho de perfeição, adaptando-se à verdade, tal como a natureza a apresenta a nossa experiência.

Afirmando a intensa profundidade de toda vida humana, Emerson ensinou a amar a vida, mostrando que a personalidade mais humilde é susceptível de adornar-se e dignificar-se, sabendo buscar em si mesma as forças morais de sua própria exaltação. Não é a categoria, não é a fortuna, não é o poder, o que faz a grandeza de um homem, mas sua capacidade de ser intensamente tal como é por natureza, expandindo-se espontaneamente, pela força de sua seiva interior, sem torcer diante do peso das coações sociais que eclodem a mentira e fomentam a vaidade. Nesta orientação suas palavras alcançam um tom místico, mescla de poesia íntima e de exaltação egotista, que, no entanto, não lhe impede de reiterar sua submissão à verdade e pregar as virtudes úteis à vida social, ao trabalho, à fraternidade, à paz, a tudo o que se considera proveitoso para melhorar a existência da humanidade. Força é reconhecer que, julgado em conjunto, dificilmente poderia nomear-se um místico mais realista, nem um individualista mais social. Seu temperamento foi sem cessar integrado por sua experiência.

IX. A BELA NECESSIDADE

Se tivéssemos de analisar, um a um, os ensaios de Emerson, nossa tarefa seria longa e sem maior proveito. Quase todos os problemas sociais, de atualidade em seu meio e em sua época, mereceram um comentário de sua parte, sempre perspicaz. Sua imaginação vagou em torno da natureza, do divino e da moral, com a singularidade de opor-se tenazmente a toda noção do sobrenatural e de confiar nos bons métodos de investigação; só vemos fé nessa confiança, desde que nunca os havia aprendido nem praticado. Seu misticismo traduziu-se por uma rebeldia a preceitos, cânones, dogmas, a tudo o que representa um intermediário entre o espírito humano e a divindade, incessantemente confundidos em seus escritos. Quando execra a decadência moral de seu tempo e augura "o retorno ao divino", seu estilo eleva-se por momentos até o de Ruysbroek ou Teresa de Ávila, mas seu pensamento continua estando próximo ao de Marco Aurélio ou de Spinoza. E do estoicismo, e do panteísmo, parecia ter herdado Emerson o sentimento poderoso da fatalidade mais próxima do determinismo moderno que do fatalismo alexandrino, muçulmano ou quietista, apesar de sua linguagem.

No ensaio intitulado *Fatalidade* Emerson diz que ela se encontra na matéria, no espírito, na moral, nas raças e nos acontecimentos, assim como no pensamento e no caráter. Mas, por sua vez, argumenta: "a fatalidade tem seu amo, o limite está limitado, ainda que a fatalidade seja imensa, a potência ou vontade de querer, esse outro fato de um mundo de duas caras, também é imensa. Se a fatalidade prossegue e limita à potência, a potência acompanha e combate à fatalidade...

O espírito não pode negar sua livre vontade; atrevemo-nos a afirmar essa contradição, diremos que "a liberdade é uma coisa necessária em si". Se vocês quiserem tomar partido da fatalidade e dizer que a fatalidade é tudo, então diremos que "a liberdade do homem é uma parte da fatalidade". A faculdade de eleger e de operar surge eternamente do espírito. A inteligência anula a fatalidade. Enquanto um homem pensa, é livre". Este parágrafo, com mais ardis verbais que razão, pertence ao número dos que costumam empregar para não levantar as preocupações ancestrais do público inculto: esse é o insensato palavreado pensado que os ignorantes confundem com a filosofia e com a metafísica, colocando-a no ridículo diante das pessoas capacitadas para descobrir o vazio absoluto das palavras e o caráter delirante de tais raciocínios carentes de sentido. Creio por isso, como Emerson reconhece ao elogiar a solidão, que o filósofo deve ser a antítese do retórico, para não se converter em eco voluntário das superstições da multidão que o aplaude. O arquétipo de filósofo é Spinoza; Cousin é o arquétipo de homem notório.

Toda vez que um pensador desce de seu nível para seduzir ao público, disfarçando com palavras equívocas seu pensamento, corre, como Emerson, o perigo de cair em reflexões intrinsecamente "conformistas", ainda que sejam malabarismos para tornar menos violenta a exposição de ideias "não-conformistas". Emerson não encontra no terreno da ética prática certos princípios que a lógica pura demonstra absurdos, como faz Kant. Não é isso; Emerson, pelo contrário, depois de fazer soar seu tambor sobre a liberdade espiritual, termina seu ensaio com quatro invocações poéticas à fatalidade, tão próprias de seu panteísmo como incompatíveis com seu livre-arbítrio.

Antes de lê-las, recordemos que entre os puritanos sempre houve pouco apreço à crença na liberdade moral; seu dogma básico, da graça ou da predestinação, conduzia logicamente ao sentimento da fatalidade. Emerson não fez mais que transferir às leis da Natureza a confiança que essas tinham posto no Destino. Contra o que a

PARA UMA MORAL SEM DOGMAS

primeira vista pareceria, essa ideia da fatalidade é um verdadeiro instrumento de ação para os que traçaram um caminho na vida: viver é ser fiel a seu próprio itinerário, percorrê-lo sem descanso, como quem cumpre realmente um destino irrevogável, sem tropeçar nessas deliberações sucessivas que levam a viver de maneira fragmentária. Faço esta observação psicológica e moral da qual sem dúvida riam os velhos metafísicos que só viam na liberdade um tema para exercitar sua razão compreensiva: os maiores professores de energia possuem pouco interesse pelo livre-arbítrio".

Vocês estão surpresos? Ouçam a Emerson, ao mestre da confiança em si mesmo.

"Elevemos altares a essa bela unidade que mantém a natureza e as almas em uma perfeita continuidade, e que obriga a cada átomo a servir a um fim universal. Não é a extensão de neve, o capulho, a paisagem estival, o esplendor das estrelas, o que me deixa maravilhado, mas a beleza necessária, ou, se preferirem, a necessidade de beleza que gravita sobre o universo; que tudo deva ser pitoresco e o é; que o arco-íris, a curva do horizonte e o arqueamento do céu devam ser resultados do mecanismo do olho. Não tenho necessidade de que nenhum aficionado tolo venha guiar-me a admirar jardins, uma nuvem dourada ou uma cascata, porque não posso abrir os olhos sem ver algo impregnado de esplendor e de graça. Quão vã é a eleição desta ou daquela faísca dispersa ao acaso, quando a necessidade inerente às coisas acende a chama da beleza em frente ao caos e denuncia que a intenção central da natureza é ser harmonia e sorte!

"Elevemos altares à bela necessidade. Acreditar que os homens são livres, no sentido de que uma vontade caprichosa pode dominar a lei das coisas, é como pretender que um dedo de uma criança pode fazer cair o sol. Se na menor das coisas o homem pudesse alterar a ordem da natureza, quem gostaria de aceitar o dom da vida?

"Elevemos altares a essa bela necessidade que nos prova e nos assegura que tudo foi feito de uma única partícula, que o acusador e o acusado, o amigo e o inimigo, o animal e o planeta, o alimento e quem o consome, são da mesma e única espécie. O espaço astronômico é imenso, mas nenhum sistema lhe é estranho. Os tempos geológicos são incomensuráveis, mas neles regem leis semelhantes às atuais. Por que ficaríamos espantados com a natureza, em que estão objetivadas a filosofia e a teologia? Por que temeríamos ser esmagados pelos elementos da natureza, se somos feitos desses mesmos elementos?"

"Elevemos altares a essa bela necessidade que torna valente ao homem, ensinando-lhe que não pode evitar um perigo certo, nem expor-se a outro fictício; a essa necessidade que nos conduz, rude ou docemente, à noção de que não há acaso nem acontecimentos fortuitos: que a lei regula toda existência – uma lei que não é inteligente, mas que é a inteligência –, que não é pessoal nem impessoal; que desdenha das palavras e ultrapassa o entendimento; que dissolve as personalidades, que vivifica a natureza e que, no entanto, convida o coração puro a apoiar-se sobre toda sua onipotência."

Bela página literária, sem dúvida: basta meditar sobre ela um minuto para compreender que para Emerson necessidade é fatalidade: ou supor que a lei de necessidade "é a inteligência, sem ser inteligente", é uma tímida portinhola de palavras que Emerson deixa entreaberta aos homens "inteligentes e livres" que poderiam se sentir humilhados diante dos altares elevados à bela necessidade. Para que nos determos? Emerson confessa nesse mesmo ensaio que está fora da lógica, tal como esteve Kant apesar de seus refinados artifícios dialéticos: "apesar de tudo, é *são* para o homem não considerar as coisas do ponto de vista da fatalidade, mas do da liberdade: é a maneira prática de encarar a questão". Poderíamos, uma vez mais, traduzir isso em linguagem clara, dizendo que *a ilusão da liberdade é útil e serve ao homem como se realmente existisse*. Mas, já dissemos, certas ideias, expressas com exatidão, não têm graça; o encanto do transcendental desapareceria sem a vaga atmosfera da inexatidão que o fazem parecer mais profundo e misterioso...

X. FUNÇÃO SOCIAL DO NÃO-CONFORMISMO

Apesar dessas condescendências verbais às preocupações dominantes em seu meio, Emerson foi visto em sua idade viril como um herege perigoso, ainda que em sua longa velhice tenha sido venerado até por seus antigos adversários.

Reconhecemos que a sociedade é inimiga de toda verdade que perturba suas crenças mais ancestrais.

Frente aos homens que lhe trazem uma nova mensagem, sua primeira atitude é sempre hostil; a sociedade vive dessas "mentiras vitais" cujo símbolo expressivo nos foi concedido por Ibsen em *O Pato Selvagem*. Que seria dela, contudo, sem essas grandes figuras que de tempos em tempos desafiam sua fúria pregando uma partícula de "verdade vital"!...

Todos os que reformam e criam, enquanto o fazem, são não-conformistas e hereges: contra as rotinas sociais, contra as leis políticas, contra os dogmas religiosos. Sem esses seria inconcebível a evolução das ideias e dos costumes coletivos, não existiria possibilidade de progresso social. Emerson, tantas vezes acusado de heresia, pôde, certamente, consolar-se pensando que também Cristo havia sido herege contra a rotina, contra a lei e contra o dogma de seu povo, como o foi Sócrates, como depois o foi Bruno. E acaso pensaria também no destino comum de todas as vítimas do conformismo: a humanidade venera por séculos seus nomes ignorando o de seus perseguidores.

Porque existe – podemos crer – uma consciência moral da humanidade, que dá sua sanção. Tarda às vezes, quando a enganam os contemporâneos; mas chega sempre, e acrescida pela perspectiva do tempo, quando a posteridade a discerne.

A ÉTICA SOCIAL

I. Integração do pensamento emersoniano
II. A autonomia da experiência moral
III. Idealismo e perfectibilidade
IV. O dogmatismo teológico exclui a perfectibilidade
V. Valor social da heresia
VI. A ética social nas Igrejas norte-americanas
VII. Sua influência sobre as Igrejas imigradas
VIII. O solidarismo

I. INTEGRAÇÃO DO PENSAMENTO EMERSONIANO

Renovar-se ou morrer, disseram os renascentistas no século XVI; renovar-se ou morrer, repetiu o século XIX. Não tenham dúvida que no nosso século e nos vindouros será essa, e nenhuma outra, a fórmula dos homens e das nações que aspiram ter um futuro melhor que seu passado. A juventude é, por definição, capacidade renovadora; a própria virilidade só é medida pela atitude de renovar-se parcialmente dentro das orientações já adquiridas. Quando se apaga, quando se olham com temor as ideias e os métodos que sob milhares de pedras no caminho do porvir, podemos assegurar que um homem ou uma nação começam a envelhecer; e se o temor converte-se em ódio surdo, em desconfiança hostil, é um sinal inequívoco de irreparável decrepitude.

Sabemos muito bem, pois a experiência de séculos ensina-nos que os grandes renovadores nunca viram seus sonhos realizarem-se na íntegra; é destino comum de todos os futuristas ver que a realidade reduz a termos exíguos seus ideais, como se a sociedade só pudesse beber a pura essência com que embriagam sua imaginação de maneira bem diluída. Mas não é menos certo que nas reclamações exageradas dos ingênuos e utopistas estão contidas as variações éticas e sociais que, em seu conjunto, constituem o progresso efetivo. Louvados sejam todos os homens que ao errarem cem vezes auguram a seus semelhantes um benefício igual a um! Louvados sejam todos os que lançam sementes aos montes, generosamente, sem perguntar a si mesmos quantas delas perder-se-ão e pensam apenas que a mais exígua pode ser fecunda! Para o aperfeiçoamento moral da humanidade são inúteis os tímidos que se ajustam escrupulosamente aos resultados da experiência passada, sem arriscar-se a tentar novas experiências: são os inovadores os únicos que servem, descobrindo um astro ou acendendo uma faísca. E se é pessoalmente mais cômodo não se equivocar nunca que errar muitas vezes, para a humanidade são mais proveitosos os homens que, em seu afã de renovar para acertar uma vez, aceitam os inconvenientes de equivocarem-se muitas.

É mais cômodo, vocês pensarão, deixar a outros a função perigosa de inovar, reservando para si o tranquilo aproveitamento dos resultados. Questão esta que os epicuristas de todos os tempos resolveram segundo seu temperamento; mas é indiscutível que os renovadores das ciências, das artes, da filosofia, da política, dos costumes, são os arquétipos seletos, as afortunadas variações da espécie humana, necessárias para revelar aos demais homens algumas das formas inumeráveis em que se torna incessantemente o porvir.

Emerson foi um destes eleitos, em seu tempo e para seu meio. Emerson foi jovem e viril, ao contrário desses jovens de anos que nascem velhos de inteligência e de coração, escravos dos erros tradicionais e impermeáveis aos novos ideais. Emerson soube ver e soube anunciar, antes de outros, um aspecto do mundo moral que já estava maduro para renovações proveitosas. E não deixou de manifestar o que entrevia e desejava: renunciou à tranquilidade

PARA UMA MORAL SEM DOGMAS

epicurista de gozar em silêncio, expôs as feridas dos rotineiros e dos que contemplam o passado. Por isso seu nome é amado por toda uma raça jovem, que já viu se realizar uma parte de suas ilusões e deu alguns passos em direção a uma religião sem doutrina e uma moral sem dogmas.

Sempre observando, sempre estudando, sempre refletindo, com essa inquietude sem descanso que mantém desperta nossa curiosidade sobre a infinita Natureza que nos rodeia, Emerson conservou até a maturidade a plasticidade mental da juventude. E soube renovar-se, quando foi preciso; não voltando atrás, mas olhando mais longe. Quando sua doutrina ou sua atitude juvenil pareceu-lhe insegura e incompleta, em vez de fechar os olhos para voltar aos erros tradicionais, buscou novas fórmulas que superassem o presente e se adaptassem ao futuro que chegaria. Para dizer com exatidão: quando sua moral independente e individualista pareceu-lhe imperfeita, em vez de retomar a sobrenatural, fundada em dogmas revelados, fixou seu pensamento na *ética social*. Nisso distingue-se o homem mentalmente superior do inferior: o primeiro, quando duvida, retifica sua marcha e segue adiante; o segundo, incapaz de ultrapassar a dificuldade, desiste e volta atrás. Isto, assim como na ética, ocorre em todos os domínios da filosofia.

A vida de Emerson apresenta duas etapas distintas, habitualmente resumidas por seus biógrafos, só preocupados em elaborar um arquétipo abstrato mais adequado com o desejo simplista da mentalidade social. Podemos distinguir dois Emersons, que se sucedem por uma transição progressiva: o individualista rebelde e o reconstrutor social.

Ministro de uma igreja unitária, como já dissemos, descendia, por várias gerações, de pastores Congregacionistas. Quando chega a hora de exercer seu ministério, Emerson interroga sua consciência moral: já não crê nos dogmas e práticas rituais de sua Igreja. Duvida, medita e decide-se com dignidade: renuncia a pregar crenças que não satisfazem sua razão. Em seus escritos dessa época vaga um

JOSÉ INGENIEROS

intenso personalismo ético, uma crítica sagaz ao dogmatismo, um afã constante por afirmar a autonomia e a soberania da moralidade, pondo a obrigação e a sanção, nos domínios individuais da consciência. Deve-se aos ensaios dessa época a simpatia com que Emerson é lido, até hoje, pelos anarquistas individualistas.

Ao mesmo tempo em que exalta a personalidade humana, postulando uma moral independente, Emerson conserva o tom místico: seu panteísmo, mescla de religião natural segundo Goethe e de amor à natureza conforme Rousseau, foi o curso em que tiveram livre fluxo sua herança pastoral e sua educação teológica. É difícil conceber uma combinação mais íntima de profundo misticismo e de absoluto antidogmatismo; quando exalta a energia individual, funda a confiança própria no caráter divino que atribui à personalidade humana; quando afirma a soberania da moralidade, põe a fonte espontânea de toda vida moral na natureza. E tudo para ele é uma só coisa: natureza, moralidade, divindade.

O interesse social despertado em seu tempo pelas conferências de Emerson é de fácil compreensão. Satisfaziam duas condições, poucas vezes coincidentes: sua forma mística respeitava ao velho fundo religioso de seus ouvintes e suas ideias individualistas satisfaziam a inquietude renovadora, própria da geração romântica. Isto poderia fazer-nos pensar que os apóstolos mais eficazes são os que dizem coisas novas no tom que nos é familiar; se fossem cantadas estrofes anarquistas com música de velhos hinos religiosos, seriam mais facilmente aprendidas pelos que já tivessem o hábito de cantar hinos.

Assim podemos explicar porque Emerson era requerido para fazer sermões nas igrejas unitárias: falava da mesma maneira, ainda que dissesse outra coisa. Por outro lado, nos países protestantes existe – em épocas normais – uma tolerância religiosa que dificilmente compreendemos por termos recebido uma educação católica. Dizer que um sacerdote, depois de abandonar os hábitos, pode ser convidado a pregar em sua paróquia, é inconcebível para nós; e não o é menos ver a um sacerdote católico ou a um rabino judeu ocupar um púlpito protestante, ou vice-versa, ou ainda serem vistos reunidos em um congresso de religiões os teólogos mais eminentes de todas elas...

Em sua atitude individualista e independente mantém-se Emerson até a fundação do *Clube dos Transcendentais* e do surgimento de *The Dial.* Já temos conhecimento da genealogia sansimoniana desse movimento. Com a revolução do ano de 1830, os ecléticos haviam passado a atuar no mundo oficioso e as simpatias dos românticos pronunciaram-se a favor da filosofia social, até a renovação de 1848. O reflexo dessa evolução é fundamental em Emerson; daí até sua morte, sem atenuar seu culto pela intensificação da personalidade individual, vai acentuando progressivamente o sentido social de suas ideias éticas. Pouco a pouco vê na sociedade a fonte da obrigação e o instrumento da sanção moral; o dever não é mandamento divino, mas produto da convivência, que impõe a justiça como condição do livre desenvolvimento pessoal; a sanção não está livre da razão do indivíduo isolado, mas da consciência social em que se harmoniza a razão de todos. E o conceito da perfectibilidade humana consolida-se ao pôr como base da escola a educação moral criando hábitos de veracidade, de justiça, de cooperação e de solidariedade.

Não dissemos que Emerson chegou a definir a ética social tal como na atualidade a vemos formulada. Reconhecemos, simplesmente, que essa tendência chegou a prevalecer nele, em uma época em que preferia fazer a palestrar.

Fazer? Fazer. Soava para sua pátria a hora de consolidar a nacionalidade e de preparar-se para a assimilação de outros milhões de europeus que viriam a enriquecê-la com o trabalho de seus braços e com o sangue de seus filhos.

Foi então que nasceu espontaneamente uma nova ética social, em função do meio, cuja expressão doutrinária conhecemos cinquenta anos depois: o pragmatismo.

II. A AUTONOMIA DA EXPERIÊNCIA MORAL

A evolução mental de um pensador – muito distinta da variação ajustada à moda, que só demonstra ausência de ideias próprias – segue sempre um curso lógico, é uma integração permanente, enriquecida sem cessar por uma experiência que cresce e por um sentido crítico que se aperfeiçoa. Mudar de ideias dessa forma é um processo normal e uma prova de juventude; revela possibilidade de educar-se mais e mais, de crescer mentalmente, de expandir a personalidade própria. E é, precisamente, a incapacidade de aperfeiçoar as próprias ideias, o que permite diagnosticar o amadurecimento de um pensador: a declinação dessas atitudes assimiladoras e imaginativas que enriquecem a cultura pessoal ampliam o horizonte das sínteses, elevando os pontos de vista. O exame das ideias dominantes na obra de Emerson permitiu-nos estabelecer que se carecem de conteúdo metafísico e, portanto, propriamente filosófico, têm, em troca, um alto valor ético; sua obra é um contínuo esforço por acrescentar a intensidade intrínseca dos valores morais, separando a experiência moral da experiência religiosa.

Este aspecto do problema, hoje quase resolvido para todos os filósofos, sem distinção de escolas ou de crenças, não estava resolvido há um século. As instituições básicas do mundo feudal, a Monarquia e a Igreja, não haviam desaparecido pela crise revolucionária no final do século XVIII: a soberania popular, afirmada como fundamento da vida civil democrática, ainda não conseguia sobrepor-se aos regimes de privilégio assentados no direito divino. Mais ainda: as nações reacionárias em política e em religião – Rússia, Áustria e Prússia –, em cumplicidade com a Igreja romana, haviam coligado-se na famosa Santa Aliança para restaurar o antigo regime e suprimir os estatutos constitucionais que preludiavam o advento de uma nova etapa na história da civilização; a Igreja anglicana desempenhava nos meios anglo-americanos uma função equivalente conservadora ou reacionária.

A luta pelo progresso das ciências morais ainda era esboçada entre as morais reveladas dos teólogos escolásticos e as morais racionais dos filósofos independentes. Convém não se esquecer de que, em todo tempo, os filósofos independentes –chamando assim aos que não tinham por objeto de suas especulações consolidar as bases das religiões oficiais em seus meios respectivos – foram, mais ou menos veladamente, inimigos e contradizentes da teologia. Esses determinaram os progressos da metafísica e da ética contra o espírito tradicionalista das castas sacerdotais, muitas vezes pagando com suas vidas esse nobre privilégio de pensar livremente contra a religião e contra o Estado: assim morreram Sócrates, Jesus, Bruno e Servet, vítimas das religiões de seu tempo, todas intolerantes quando foram oficiais, chamaram-se paganismo, judaísmo, catolicismo, calvinismo.

No século XX essa luta entre os teólogos dogmáticos e os filósofos independentes parece terminada. A constituição civil das nacionalidades modernas permite às Igrejas sua antiga proeminência dentro dos Estados; a autoridade as protege com benevolência, mas está muito longe de ser considerada como simples braço secular dos representantes da divindade.

Não podemos entrar em uma análise mais detalhada da afirmação anterior; para isso teríamos que examinar as correntes da ética contemporânea, apreciando minuciosamente a influência que as escolas filosóficas do século XIX tiveram sobre a concepção da moral. As doutrinas evolucionistas e o método genético modificaram as ideias de seus próprios adversários; leiam *O Darwinismo e as ciências morais*, de Baldwin; leiam *A moral das ideias forças*, de Fouillée; leiam a Durkheim e a Lévy-Bruhl; e leiam, sobretudo, leiam e releiam dez vezes, as obras admiráveis de Jean Marie Guyau, *Esboço de uma moral sem obrigação, nem sanção* e *A irreligião do porvir*, em que não se sabe se é mais profunda a emoção estética do estilo caloroso ou a acuidade lógica da análise metafísica.

E teríamos que nos deter em outras manifestações da moral naturalista; nas doutrinas que, aperfeiçoando a Comte, substituíram o positivismo moral, com Littré e Taine; nas morais criticistas independentes ou neokantianas; desde Rénouvier e Boutroux até Cohen e seus epígonos; nas correntes Krauso-positivistas que deram à Espanha a mais alta e nobre expressão do eticismo em fins do século passado e que em nosso país fundiu-se a doutrinas positivistas para inspirar uma admirável geração de educadores chegada já à maturidade; nas morais pessimistas, inspiradas por Schopenhauer; no diletantismo moral neostendhaliano e no amoralismo filosófico inspirado por Stirner e Nietzsche; nas correntes neo-espiritualistas, enfim, que atualmente inclinam a muitos poetas e pensadores a um misticismo panteísta incompatível com o dogmatismo das religiões positivas de origem cristã.

Tudo isso implica afastar a experiência moral da experiência religiosa, com idealismo ou com realismo metafísico, com ou sem dogmas racionais, com ou sem preceitos éticos anteriores à experiência. As morais reveladas dos teólogos ocupam um lugar insignificante na história da ética contemporânea; releiam; para comprovar-se, a *Crítica dos sistemas de moral contemporâneos* de Fouillée, onde os dogmas teológicos nos são apresentados como restos fósseis de uma extinta fauna espiritual.

Este parêntese pareceu-me necessário para compreender a posição de Emerson na evolução das doutrinas morais. Julgada com nosso critério de hoje, não pareceria atrasada e inexplicável; o que em seu tempo era um ideal, hoje tende a ser uma realidade nas nações civilizadas; outros ideais novos, vieram a polarizar a atividade apaixonada dos temperamentos idealistas.

III. IDEALISMO E PERFECTIBILIDADE

Pronunciei as palavras "ideais" e "idealistas"; temi deixá-los confusos se elas ficassem sem explicação.

PARA UMA MORAL SEM DOGMAS

Idealismo, em moral, significa perfectibilidade, e expressa certo anseio de voltar-se a ideais que são concebidos como possíveis aperfeiçoamentos da realidade. Por outro lado, todo dogmatismo, todo conformismo, todo tradicionalismo, implica imobilização em fórmulas já estabelecidas, que são acatadas como invariáveis; e o invariável é, por definição, imperfectível, como é tudo o que significa adesão estática às doutrinas, costumes e rotinas do passado.

É frequente, no entanto, que dogmatistas de todo tipo, conformistas em filosofia, em ciência, em política, em moral, chamem a si mesmos "idealistas" e boa parte da humanidade acredita sê-lo sinceramente, confundindo sua adesão ao tradicionalismo com um "ideal". Prescindindo de certa e fácil charlatanice que costuma haver nisso, confesso que não concebo o idealismo moral separado do conceito de perfeição incessante e do esforço ativo à perfeição; creio que só merecem o nome de idealistas os que trabalham para aumentar a virtude e diminuir o erro, os que fomentam a virtude contra a hipocrisia, a dignidade contra o servilismo, o estudo contra a ignorância, tudo o que é melhor e futuro contra tudo o que é atual e imperfeito.

Por isso dou a Emerson o qualificativo de idealista, e poucos homens o merecem mais que ele; só por isso um homem estudioso pode orgulhar-se de usar tal nome, que os ignorantes costumam conceder de mãos cheias aos que abusam de sua inocência para incitá-los a permanecer no erro e na domesticidade. Se as palavras que usamos não fossem precisas, nunca seria claro nosso pensamento; e tremeríamos os lábios ao falarmos de idealismo, se com isso contribuíssemos para confundir os inovadores com os rotineiros, os estudiosos com os preguiçosos, os pensadores com os faladores e os virtuosos com os desavergonhados. É um ideal obstruir o crescimento progressivo das verdades que permitem ao homem conhecer a natureza e adaptar-se a ela? É um ideal aconselhar a aquiescência às mentiras consuetudinárias e aos interesses criados, perpetuando entre os homens os privilégios e

115

as injustiças sustentadas na tradição? É um ideal impedir que os homens instruam-se e eduquem-se na medida máxima compatível com suas atitudes individuais, convertendo-se em unidades mais intensas do algarismo social? É um ideal pregar acatamento servil ao despotismo dos autocratas, aos dogmas dos teólogos, às mentiras dos políticos, aos interesses dos enriquecidos, às argúcias dos sofistas? Causa vergonha pensar que essas coisas possam ser disfarçadas com o nome de idealismo; e mais vergonha, ainda, que certas literaturas espiritualistas contribuam sugerindo que as doutrinas ou as realidades do passado podem ser preferíveis às que sem cessar vão aperfeiçoando o porvir, como se idealismo pudesse significar Regressão e não Aperfeiçoamento.

O idealismo moral – distinto do metafísico e transcendental que significa ideísmo por oposição a realismo – não pode ser concebido a não ser como doutrina da perfectibilidade moral indefinida e é, essencialmente, a antítese de qualquer dogma. Os ideais éticos são hipóteses acerca de possíveis perfeições morais futuras; formam-se como todas as hipóteses e, como elas, servem aos homens que creem em seu possível advento. Já definimos a evolução humana como um esforço contínuo do homem para adaptá-lo à natureza que evolui por sua vez, necessitando para isso conhecer a realidade ambiente e prever o sentido de suas próprias adaptações: os caminhos de sua perfeição. Suas etapas, entrevistas pela imaginação humana, constituem os ideais. Um homem, um grupo ou uma raça, são moralmente idealistas porque circunstâncias propícias determinam sua imaginação a conceber aperfeiçoamentos possíveis. Os ideais – se posso repetir minha própria opinião – são formações naturais; aparecem quando a função de pensar alcança tal desenvolvimento que a imaginação pode ser antecipada à experiência. Não são entidades misteriosamente infundidas nos homens, nem surgem pelo acaso; formam-se como todos os fenômenos acessíveis a nossa observação, são efeitos de suas causas, acidentes no devir universal metodicamente investigado pelas ciências e hipoteticamente sintetizado pela filosofia. Os ideais não são aprioristicos, mas deduzidos de uma vasta experiência; sobre esta eleva-se a imaginação para prever o sentido em que variará a Humanidade, e por isso todo ideal representa um novo estado de equilíbrio entre o passado e o porvir.

Partindo desse conceito procurei distinguir sempre o idealismo moral, que considero admirável em todas as suas formas, desde o estoicismo de Epicteto e o cristianismo de Jesus, até o panteísmo de Spinoza e o anarquismo de Tolstoi, do idealismo metafísico, que é um sistema de hipóteses que transcende a experiência e que, bem analisado, está mais próximo do panteísmo ateu que de qualquer crença religiosa verdadeiramente deísta e animista.

Enganam-se ou mentem – a eterna hipocrisia! – todos os que procuram reduzir o idealismo moral a qualquer forma de dogmatismo teológico ou racional; ideal moral significa perfectibilidade, e nenhuma perfectibilidade é compatível com o próprio conceito de dogma. Por isso disse tantas vezes que subordinar o idealismo moral a uma fórmula de escola metafísica, equivale a castrá-lo; por isso insisti que chamar de idealismo às fantasias e superstições de mentes enfermas ou ignorantes, é uma dentre tantas sutilezas fomentadas pelo palavreado discursivo.

O idealismo moral não é patrimônio exclusivo de nenhum sistema teológico ou filosófico. Há tantos idealismos, como ideais, e tantos ideais como idealistas, e tantos idealistas como homens aptos a conceber perfeições e capazes de viver para elas; por isso recusamos o monopólio de chamar idealistas a todos que o reclamam em nome de escolas filosóficas, sistemas de moral, credos de religião, fanatismos de seitas ou dogmas de estética. Vocês conhecem, provavelmente, uma página de minha autoria cuja leitura peço que me permitam fazer, pois creio ser oportuna. "O idealismo moral não é privilégio das doutrinas espiritualistas que desejariam opô-lo ao 'materialismo', chamando assim, pejorativamente, a todas as demais; esse equívoco, tão explorado pelos inimigos das Ciências – temidas justamente como mananciais de Verdade e de Liberdade – duplica-se ao sugerir que a matéria é a antítese da ideia, depois de confundir o ideal com a ideia e esta com o espírito, como entidade transcendente e alheia ao mundo real. Trata-se, visivelmente, de um jogo de palavras, secularmente repetido por seus beneficiários, que transportam às doutrinas filosóficas o sentido que têm os vocábulos idealismo e materialismo na ordem moral. O anseio de perfeição no conhecimento da Verdade pode animar com ímpeto semelhante o filósofo monista e o dualista, o teólogo e o ateu, o estoico e o pragmatista. O particular ideal de cada um concorre para o ritmo total da perfeição possível, e não impedir o esforço similar dos demais.

"E é mais estreita, ainda, a tendência a confundir o idealismo, que se refere aos ideais, com as tendências metafísicas, que assim são denominadas porque consideram as "ideias" mais reais que a própria realidade, ou pressupõem que elas são a realidade única, forjada por nossa mente, como no sistema hegeliano. 'Ideólogos' não pode ser sinônimo de 'idealistas', mesmo que o mau uso leve a crer nisso.

"Nem poderíamos restringi-lo ao pretenso idealismo de certas escolas estéticas, porque todas as maneiras do naturalismo e do realismo podem constituir um ideal de arte, quando seus sacerdotes são Michelangelo, Ticiano, Flaubert ou Wagner; o esforço imaginativo dos que perseguem uma ideal harmonia de ritmos, de cores, de linhas ou de sons, equivale-se, sempre que sua obra transparece um modo de beleza ou uma personalidade original.

"Não o confundiremos, enfim, com certo idealismo ético que tende a monopolizar o culto da perfeição em favor de algum dos fanatismos religiosos predominantes em cada época, pois não exigir um único e invariável Bem ideal dificilmente caberia nos catecismos para mentes obtusas. O esforço individual em direção à virtude pode ser tão magnificamente concebido e realizado pelo peripatético como pelo cirenaico, pelo cristão como pelo

PARA UMA MORAL SEM DOGMAS

anarquista, pelo filantropo como pelo epicurista, pois todas as teorias filosóficas são igualmente compatíveis com a aspiração individual para o aperfeiçoamento humano. Todos esses podem ser idealistas, se sabem iluminar-se em sua doutrina; e em todas as doutrinas é possível cobiçar-se dignos e salva-vidas, virtuosos e descarados. O anseio e a possibilidade de perfeição não é patrimônio de nenhum credo: lembrem-se da água daquela fonte citada por Platão, que não podia ser contida em nenhum vaso.

"A experiência, apenas ela, decide sobre a legitimidade dos ideais em cada tempo e lugar. No curso da vida social são selecionadas naturalmente; sobrevivem os mais adaptados, os que melhor preveem o sentido da evolução; quer dizer, os coincidentes com o aperfeiçoamento efetivo. Enquanto a experiência não dá seu veredicto, todo ideal é respeitável, ainda que pareça absurdo. E é útil, por sua força de contraste; se é falso, morre sozinho, não causa prejuízo. Todo ideal, por ser uma crença, pode conter uma parte de erro ou sê-lo totalmente: é uma visão remota e, portanto, com risco de ser inexata. O único mal é carecer de ideais e tornar-se escravo das contingências da vida prática imediata, renunciando à possibilidade da perfeição moral."

Continuo a leitura. Quando falamos de idealismo moral, seja em um indivíduo ou em uma sociedade, o que é, exatamente, o que expressamos? Que esse indivíduo ou essa sociedade possuem ideais e atuam em consonância com sua realização possível.

Nesse inequívoco sentido, ninguém melhor que Emerson, merece ser chamado idealista. Quando denominou o conjunto de suas orientações *idealismo transcendental*, não quis aderir estritamente à doutrina platônica das ideias nem à concepção metafísica hegeliana, mas expressar esse panteísmo naturalista que o induzia a contemplar a divindade abstrata das coisas e mostrar como digna de veneração a arquitetura moral que atribuía à Natureza. Poderíamos, também, aproximar certas ideias de Emerson com outros modos de ver convergentes a postular a eficácia das

119

ideias abstratas, das ideias-força e das crenças sobre a conduta, em uma heteróclita família de pensadores que englobariam de Kant a Fouillée e William James, que se referiram a um mesmo assunto falando idiomas heterogêneos.

Peço-lhes, aqui, uma atenção mais firme para compreender com exatidão o que vem a seguir; não são ideias de Emerson, mas nos permitirão compreender melhor a posição do moralista de Concord na evolução ética do século XIX.

IV. O DOGMATISMO TEOLÓGICO EXCLUI A PERFECTIBILIDADE

Procurarei ser claro e preciso; quem é confuso ou vago, ainda que seja agradável ao ouvido, é suspeito de erro involuntário ou de submissão deliberada aos erros dos demais.

A vocês digo que toda moral fundada sobre dogmas revelados limita o aperfeiçoamento moral daqueles que a praticam. Compreendem isso? Limita. A experiência moral, que é incessante e varia como a própria vida humana, está limitada por qualquer dogma formulado como um preceito fixo e imperfectível.

Se não me compreendem, pressinto objeção de sua parte: Como seria possível negar que os criadores e apóstolos de religiões propusessem o aperfeiçoamento moral da humanidade?

Não se pode negar; e seria insensato negá-lo. Mas a objeção – ainda que pareça – não se refere ao que disse anteriormente. Se vocês leram, como é certo, o livro de William James sobre a experiência religiosa, lembrarão deste parágrafo: "ao julgar de um modo crítico o valor dos fenômenos religiosos, é importantíssimo insistir na distinção entre a religiosidade como função individual pessoal e as religiões organizadas como Igrejas coletivas. Lembrem-se que fiz indicações a respeito desta distinção. A palavra "religião" tal como usada ordinariamente, é equívoca. A história demonstra-nos que, em geral, os gênios religiosos atraem

PARA UMA MORAL SEM DOGMAS

discípulos ao seu redor e produzem grupos que se simpatizam com eles. Quando estes grupos são suficientemente fortes para "se organizar", convertem-se em instituições eclesiásticas com ambições corporativas particulares. O espírito da política e o gosto pelas regras dogmáticas podem então invadir e contaminar as coisas mais inocentes em sua origem; de modo que quando atualmente ouvimos a palavra "religião" pensamos por necessidade em alguma "Igreja" ou organização semelhante. Em algumas pessoas, a palavra "Igreja" sugere de tal maneira a ideia de hipocrisia, tirania, vileza e adesão a toda superstição, de um modo geral e indeterminado, que se envaidecem dizendo que "são absolutamente contrárias a toda 'religião'; e até os que pertencem a uma Igreja determinada, não se livram de uma condenação geral aos que pertencem a outras".

Se vocês entendem bem, isso expressa que a religiosidade (como sentimento pessoal) nada tem a ver com os dogmas (como teologia eclesiástica); a religiosidade é comum, em todos os crentes, os dogmas são comuns a cada Igreja. Daí que a perfectibilidade seja um anseio frequente nos indivíduos de intensa religiosidade, ao mesmo tempo em que é coibida pelos sistemas morais estabelecidos nas teologias.

Esta breve e explícita consideração permite-nos compreender a atitude herética de Emerson, ao afirmar que *os dogmas sobrenaturais são incompatíveis com o aperfeiçoamento moral.* Seu inconformismo é uma rebeldia contra os dogmas próprios da seita protestante em que foi educado. Pondo fora da natureza a origem dos mandamentos que regem a conduta moral do homem, as morais teológicas excluem da vida humana atual, que segura e evidentemente vivemos, toda possibilidade de perfeição; se resta alguma, é para depois da morte, em outro mundo cuja existência é crida por simples ato de fé, já que as maiores Igrejas cristãs resistem violentamente a aceitar as provas que dela procurou dar a moderna religião espírita.

121

Os mandamentos divinos impõem obediência aos dogmas morais das Igrejas, cujas normas do dever não nascem da reflexão pessoal, nem podem ser modificadas pela razão. O homem não intervem na fixação dos próprios deveres; acata-os como decretos sobrenaturais. Por isso, a obrigação e a sanção têm um valor completamente distinto que nas morais filosóficas independentes. A obrigação consiste em ajustar-se ao mandato imperativo da divindade, que fixou o dever sem a intervenção do que o cumpre; a única sanção reservada ao cumprimento desse dever é o prêmio ou o castigo depois da morte, ou seja, o que em linguagem singela, e por certo mais pintoresca, poderíamos chamar sanção transcendental de céu e inferno. Sabem vocês que leem a Homero e a Virgílio, que o mundo pagão já tinha inventado estes lugares de sanção eterna, herdados pelo cristianismo, e tão magnificamente desenvolvidos pela imaginação de Dante, cuja *Comédia* bem merecia ser qualificada de divina se este adjetivo significasse excelência superlativa.

V. VALOR SOCIAL DA HERESIA

Todas as religiões, em certo momento de sua evolução, o mais culminante, procuram fixar seus dogmas em uma teologia que interpreta inapelavelmente os textos em que está enunciada a revelação primitiva; as teologias pretenderam ser, em seu tempo e em seu meio, códigos de moral destinados a reger dogmaticamente a conduta humana.

Daí que o inconformismo de Emerson, muito mais amplo que a primitiva dissidência no seio da Igreja anglicana, se nos apresente como um episódio na eterna luta da razão humana contra os dogmas revelados, como uma afirmação do direito de livre exame. Isso é o que, em todo tempo, constituiu a heresia. Herege é todo aquele que discute e nega os dogmas, todo aquele que submete a sua própria razão às conclusões de uma teologia.

PARA UMA MORAL SEM DOGMAS

Convém acrescentar que a mesma religiosidade individual, própria dos temperamentos místicos, é a causa mais frequente de heresias; do mesmo modo que permite conceber aperfeiçoamentos novos, afasta os indivíduos dos dogmas teológicos que impedem tais aperfeiçoamentos. "Uma experiência religiosa genuína e de primeira linha – diz James – deve parecer heterodoxia aos que a contemplam, e cada profeta deve produzir o efeito de um louco solitário. Se sua doutrina mostra-se bastante contagiante para difundir-se a outros, então converte-se em heresia definida e catalogada; mas se se torna tão contagiante que chega a triunfar sobre as perseguições, então converte-se em ortodoxia, e quando uma religião chega a este ponto, é que passou o tempo em que se mantinha interior: o manancial secou; os fiéis vivem apenas de uma fé exclusivamente de segunda mão, e então, por sua vez, apedrejam aos novos profetas. Não obstante, a bondade humana que a nova Igreja está pronta a favorecer, pode contar sempre com ela, como fiel aliada, cada vez que se trate de sufocar o espírito religioso espontâneo e de reduzir ao silêncio todo murmúrio ulterior do manancial de onde ela mesma retirava em dias mais puros sua própria inspiração, a menos que adote os novos movimentos e os aproveite para seus próprios interesses corporativos egoístas. Temos muitos exemplos instrutivos de uma ação política deste gênero, cedo ou tardiamente assumida, como os procedimentos da Igreja católica a respeito de muitos santos e profetas individuais.

Enquanto não se produz esta assimilação prática, todo projeto de inovação é uma heresia e a conduta do reformador é considerada imoral; o hábito de ver a moralidade conformada ao dogmatismo leva a julgar como imorais a todos os que sentem essa profunda "emoção cósmica" que sugere a natureza e faz amar com otimismo uma vida intensa e sem restrições artificiais. "os heréticos anteriores à Reforma viam-se quase sempre acusados pela Igreja de exercer práticas imorais, do mesmo modo que os primeiros cristãos eram acusados pelos romanos de entregarem-se à orgia. Provavelmente não existiu período algum na vida da humanidade, em que um número crescido de indivíduos não tenha idealizado sua resistência pensando mal da vida, formando seitas livres ou secretas, proclamando que todas as coisas naturais são permitidas. A máxima de Santo Agostinho: *Dilige et quod vis fac* – ama (a Deus) e faça o que quiseres – é moralmente uma observação muito profunda; mas as pessoas de que falávamos, a tomam no sentido de que é lícito sair dos confins da moral dogmática convencional. Segundo seus caracteres, poderão ser espíritos refinados ou grosseiros, mas em todo tempo suas crenças foram suficientemente sistemáticas para constituir uma atitude religiosa determinada. Para eles, Deus é um dispensador de liberdades; deste modo vencem o remorso do mal. São Francisco e seus discípulos pertenciam a esta categoria de almas, da qual existem infinitas variedades. Rousseau, durante os primeiros anos de sua vida literária; Diderot, B. de Saint-Pierre e muitos outros, entre as mentes diretoras do movimento anticristão do século XVIII, pertenciam a esse tipo de otimismo. Pensavam que a Natureza, sempre que saibamos entendê-la, é absolutamente boa."

Não é de se admirar, pois, que os grandes místicos tenham sido melhoradores tanto quanto os filósofos independentes; por isso mereceram uns e outros as perseguições da autoridade político-religiosa, quando o governo era de direito divino: teólogos, juízes, políticos, confundidos em um mesmo interesse comum de preservar à sociedade de toda heresia. E como equivocam-se! Herege é Sócrates quando ensina a duvidar da "religião de seus pais", e dão-lhe cicuta. Herege é Cristo para os judeus, e dão-lhe a cruz. Herege é Lutero para a Igreja romana, e cobrem-lhe de anátemas. Herege é Spinoza, e expulsam-lhe da sinagoga. Herege é Teresa de Ávila, e a Inquisição persegue-a. Herege é Emerson, e acusam-lhe de ateísmo. Herege é Maeterlinck, cujas obras estão inscritas no Index, como as de Anatole France e as de Henri Bergson, do mesmo modo que em nosso país estava proibida a leitura de Ameghino e de Agustín Alvarez... e até a de Almafuerte e de Lugones.

PARA UMA MORAL SEM DOGMAS

Quero, com isto, sugerir a vocês que ao falar de dogmas e de heresias não me refiro a coisas transcendentais e remotas, mas a fenômenos simples e atuais, que durarão tantos séculos quantos persistir nos homens a tendência a organizar seu misticismo individual em Igrejas coletivas. As milhares de religiões que existiram, todas verdadeiras segundo seus adeptos, serão seguidas por outras no porvir, igualmente verdadeiras para aqueles que as professarão. Para que apareçam – como produto natural da experiência religiosa, sem cessar renovada pelos homens – serão indispensáveis novas e incessantes heresias, quer dizer, variações pessoais para melhorar a herança social, inventores ou renovadores de dogmas, inventores ou renovadores de moral. Vocês sabem muito bem que, nos últimos cinquenta anos, por desagregação das Igrejas cristãs, apareceram inúmeras novas religiões. Calcula-se que dezenas e algumas elevam a milhões o número de seus fiéis.

James não se engana ao dizer que no decorrer dos séculos os sentimentos e as necessidades místicas dos homens foram transformados sem cessar, deduzindo que seria absurdo supor que a presente época está destinada a não sofrer correções por parte das épocas vindouras. Haverá, pois, novas e incessantes heresias, e graças a elas evoluirá a experiência religiosa e moral da humanidade: "Os deuses que defendemos são os deuses que necessitamos e dos quais podemos no servir, os deuses cujas perguntas a nosso respeito são elementos para fundamentar as perguntas que fazemos a nós mesmos, uns aos outros. Em uma palavra, o que eu me proponho fazer é estudar a santidade à luz do senso comum, empregando critérios humanos para resolver a questão de se a vida religiosa é recomendada como forma ideal de atividade humana. Se é assim, qualquer crença teológica que possa inspirá-la é fundamentada, pelo menos neste aspecto. Em caso contrário, aquelas crenças perderão todo crédito, e passarão a referir-se apenas a princípios humanos ativos. Trata-se tão-somente da eliminação dos humanamente ineptos e da sobrevivência dos mais aptos, aplicada às

125

crenças religiosas; e se examinamos a história, ingenuamente e sem preconceitos, devemos admitir que jamais nenhuma religião pôde estabelecer ou conformar a si mesma de um modo diverso. As religiões *aprovaram* a si mesmas, supriram às necessidades vitais que reinavam em sua origem; e foram substituídas por outras quando violaram em excesso certas necessidades ou ao apresentarem-se outras crenças que as proviam melhor". Voltemos ao tempo de Emerson. Na Nova Inglaterra, e com relação à Igreja protestante, ocorria um movimento análogo a que, nas nações católicas, chamou-se catolicismo liberal, há setenta anos; a Igreja unitária, em que Emerson educara-se, representava o que hoje o modernismo dentro da Igreja romana, por sinal com seu espírito mais acentuadamente liberal. Os teólogos protestantes, mesmo que suas escolas e investigadores sejam, desde a Reforma, muito mais notáveis que os católicos, graças ao livre exame e à alta crítica, não puderam ver com indiferença as negações dogmáticas a que se entregaram os unitários radicais e os transcendentalistas; Emerson, e poderíamos dizer que o próprio Channing, foram indiciados como hereges, temendo-se que seu liberalismo fosse o primeiro passo para a irreligiosidade.

Quem tinha razão? De seu ponto de vista, digamos sem hesitar: os teólogos dogmáticos. Não existe, para uma Igreja, a possibilidade da fé pela metade. Acredita-se ou não em seus dogmas; pretender que cada homem considere-se parte da divindade, é conceder a cada um a possibilidade de revelar-se a si mesmo a verdade em que deve crer e a moral a que deve conformar-se. Desse ponto de vista, a lógica estaria a favor dos dogmáticos e contra todos os liberalismos; uma Igreja que consente algo acaba por ceder tudo. Proclamar que o cristianismo é um assunto de moral e não de dogmas, é rebelar-se, abertamente, contra as Igrejas cristãs tradicionais; e essa era, como dissemos, a posição religiosa de Emerson e dos *Transcendentais*, semelhante a de Echeverría e a *Jovem Argentina* entre nós: heresia frente a suas respectivas Igrejas.

PARA UMA MORAL SEM DOGMAS

Implicada a moral nos dogmas teológicos, toda inconformidade religiosa é uma inconformidade com o dogmatismo moral. Lembremos, como a melhor prova disso, que durante dez séculos, desde o édito imperial que proscreveu de Roma os filósofos até o grito cismático proferido por Lutero, uma só teologia e uma só moral floresceu na cristandade. A patrologia e a escolástica movem-se no interior de um dogmatismo único; bastaria comparar Clemente e Orígenes com Tertuliano e Lactâncio, Agostinho com Tomás, cujos discípulos discutem até nossos dias, para compreender que, se os dogmas evoluíam, todos pretendiam explicitamente ser fieis a eles, sem o que ter-se-ia rompido a *unidade política* da Igreja romana. Disse unidade política e preciso fazer-me claro; a força dessa Igreja, desde que reis e imperadores, por razões políticas e não teológicas, resolveram declará-la oficial em seus Estados, não residiu em suas doutrinas, mas no poder político adquirido por ela no mundo feudal europeu. Não poderíamos nos deter agora para examinar em que medida a difusão do protestantismo foi, por sua vez, um movimento político, nacionalista em cada país, contra o poder internacional do Estado pontifício; isso poderia ser percebido também analisando nos Estados católicos a luta para constituir Igrejas nacionais, emancipadas de Roma, do que deu memorável exemplo o indelével movimento galicano. E veríamos, também, que em nossos dias a força dessa Igreja não está em suas doutrinas, mas na admirável organização como partido internacional, atuante na política de cada país com unidade de viés temporal e com surpreendente disciplina para a ação prática. Nunca na história da humanidade houve um partido internacional que pudesse comparar-se a esse em organização e eficácia.

Na época inicial de Emerson – já que estas digressões devem servir-nos para compreensão – o conflito ainda formava-se entre as duas concepções clássicas da moral: a religiosa, própria das teologias dogmáticas, e a individualista, elaborada por filósofos independentes.

VI. A ÉTICA SOCIAL DAS IGREJAS NORTE-AMERICANAS

Na primeira lição lembramo-nos do sentido cívico e social, e não do dogmático, do puritanismo norte-americano; e vimos que no unitário Channing, pouco antes que em Emerson, definiu-se claramente a tendência a converter a religião em uma pura moral social. Fechado o ciclo do movimento transcendentalista, que foi uma exaltação do unitarismo radical, Emerson, como todos, achou-se incluído em um grande movimento de renovação nacional, ao que nenhuma Igreja permaneceu totalmente alheia.

Forças poderosas foram necessárias para consolidar a nacionalidade. As primitivas colônias do nordeste viam-se incessantemente aumentadas pela anexação de vastos territórios, ocupados por uma população étnica e moralmente inferior. As colonizações espanhola e francesa haviam gerado núcleos sociais muito distintos daquele que na Nova Inglaterra mantinha puro de toda mescla indígena o tesouro biológico da raça branca; para maior desgraça, a miserável avidez humana havia introduzido turbas de negros escravos, em cujas mulheres os velhos amos latinos não haviam deixado de gerar toda gama de mulatagem étnica e religiosa, já que na mente da obscura progênie combinavam-se pitorescamente as superstições africanas, com os dogmas católicos, que em matrimônio singular perduram até nossos dias em muitas das que foram colônias espanholas. Não falemos da espantosa guerra entre o Norte e o Sul, motivada pela abolição da escravidão; não falemos do pavoroso problema da raça negra, que ainda preocupa a nação que recebeu essa triste herança das colonizações latinas; não falemos, por fim, da impossibilidade de segregar esse tumor do moderno organismo norte-americano e da sensata resistência a assimilá-lo pela mestiçagem. Só o tempo dará uma resposta a essa interrogação, que os conquistadores ibero-americanos suprimiram de maneira pouco feliz desde a época colonial, ao mestiçar-se.

PARA UMA MORAL SEM DOGMAS

Prescindindo desse núcleo inassimilável, a maior preocupação nacional foi irradiar desde a Nova Inglaterra o tipo de educação moral que a experiência havia demonstrado ser mais benéfico para a nova raça; para isso era indispensável infundir certa unidade de fins práticos às diversas comunhões religiosas, entendendo-se acerca do que não fosse dogmático; a ação ética e social. Nesse labor por harmonização e tolerância foi mais eficaz a obra das Igrejas unitárias e de seus aliados, históricos. A corrente de ideias em cujo centro atuaram Channing, Emerson e Henry James, teve influência imediata sobre dois grandes núcleos imigrados, os católicos e os judeus.

Por exemplo – nunca por imposição, desde que o Estado não tinha Igreja oficial –, os homens e as Igrejas das outras comunhões foram se adaptando ao critério que via as religiões como veículos de moral sem dogmas ou como instrumentos de ação cívica.

O processo não foi singelo. Convergiram a ele os esforços dos independentes, com Emerson à frente; das Igrejas unitárias, com Channing; das presbiterianas, com Henry James. Conhecemos já os dois primeiros; o último, educado no seminário mais ortodoxo de sua comunidade, em suas andanças pela Europa foi contagiado pela seita de Sandeman e pela teologia de Swedemborg, que atenuaram grandemente sua eficácia para atuar na América do Norte. Por suas ideias teve, no entanto, muitos pontos de contato com Emerson, pondo, como este, a ação como fim supremo da moralidade, fazendo-a derivar da natureza e servir à sociedade. Nos dogmas religiosos via o inconveniente de impedir a espontaneidade natural, ao pôr no sobrenatural e não na sociedade os móveis, e a sanção da conduta humana. Sua melhor obra. *A Sociedade redentora do homem*, tende a substituir a consciência social pela consciência do indivíduo, afirmando que o resultado natural da evolução histórica é o crescimento da solidariedade humana. Seu sistema "move-se como um círculo, que abre a ideia de natureza e que encerra a ideia de sociedade. Uma é o símbolo e a revelação da outra. A natureza e a sociedade cercam ao homem, uma servindo-o de base, a outra cobrindo-o; naquela está seu princípio e nesta seu fim. Ambas lhe são necessárias e suficientes". Daí que James, conservando-se cristão, na realidade, faça do cristianismo uma moral naturalista e humanitária, alheia a todo dogmatismo teológico. Toda sua exaltação mística sobre a sublimidade de Cristo como revelador, torna-se uma simples condescendência com a sociedade cristã em que viveu; seu filho, o psicólogo William James, pôde escrever sem medo de errar: "Preciso crer que se meu pai tivesse nascido fora do mundo cristão poderia ter construído todo seu sistema, tal qual é, quase sem mencionar a Cristo". É, com efeito, uma verdadeira religião da humanidade, em que a sociedade aparece como o objetivo natural do aperfeiçoamento infinito.

Aproximem estas ideias das ideias dominantes em Channing e no Emerson da segunda época, e vocês terão uma noção acabada da *ética social* nas Igrejas liberais norte-americanas. A obrigação é social, assim como a sanção; toda a moralidade é concebida como um produto natural e espontâneo do homem, pelo fato mesmo de viver em sociedade. E o próprio Channing, menos ousado que Emerson como pensador, chegou a dizer – mais ou menos – que, se não concebêssemos a Deus como dotado em grau perfeito das qualidades humanas que chamamos virtudes, nós homens não poderíamos concebê-lo nem teríamos necessidade de pensar nele. Panteísmo moral, dirão vocês; antropomorfismo ético, talvez. Não é, com efeito, outra coisa; e de outro modo, acrescentam seus criadores, não servirá à humanidade, representada concretamente pelas diversas sociedades que a constituem.

Não é ainda uma ética fora da religião; mas já é uma ética como fundamento da própria religião, invertendo seu âmbito clássico. Tudo o que conversei com pastores norte-americanos sobre este ponto ouvi repetir em estribilho expressivo: preferimos festejar à senhora (a ética social) e não às criadas (as teologias dogmáticas). Graças a isso, sobrepondo-se à pluralidade dos dogmas, foi possível entrever – não digo realizar, entenda-se bem – a futura unidade moral dos homens independentemente de suas crenças. E já que todas as religiões expressam o propósito de contribuir para o enaltecimento da sociedade, não é legítimo entender-se essa comum finalidade, antes de continuar discutindo dogmas envelhecidos? Este pensamento central do unitarismo influenciou a todas as comunidades, mesmo as que foram suas mais apaixonadas inimigas: se não se chegou a uma religião sem doutrinas, está-se já a caminho de uma moral sem dogmas, cuja única fonte, seja a experiência social.

VII. SUA INFLUÊNCIA SOBRE AS IGREJAS IMIGRADAS

O catolicismo norte-americano desenvolveu-se adaptando-se a essas diretrizes ético-sociais. No início foi uma religião estrangeira; sua vida foi mirrada, ainda que respeitada, assim como o protestantismo entre nós na época de Rivadavia. Adquiriu formas próprias, essencialmente nacionais, quando incorporou elementos nativos, que a impregnaram do espírito unitário e transcendentalista; desde então deixou de circular um livro católico de orações ridículo, intitulado: *Leite espiritual para as crianças americanas extraído dos seios dos dois Testamentos* e que faz menção a William James. Com essas metáforas de nutrição infantil não era possível ir longe em um país de quacres e puritanos. Brownson e Hecker, cristãos liberais, amigos de Channing e leitores de Emerson afeitos ao sansimonismo e ao fourierismo, a ponto de viver no falanstério de *Brook Farm* acabaram por tornar-se adeptos da Igreja católica. Atraídos por seus dogmas? De maneira nenhuma. Alguns desencantos quanto à política induziram a Brownson a afastar-se do radicalismo, inclinando sua simpatia à política conservadora. Estava a um passo e o deu: "do conservadorismo em política – diz – passei rapidamente ao conservadorismo em religião". Optou pela mais autoritária e dogmática, vendo no catolicismo o melhor caminho para impor uma ética social aos desvarios individuais, assim como um cenário favorável para seus precedentes anseios filantrópicos e Brownson arrastou consigo a Hecker, que havia sido seu discípulo; ambos entraram em sua nova Igreja pouco antes de Sarmiento escrever suas interessantes impressões sobre a geografia moral dos Estados Unidos (1847).

É preciso ressaltar um fato. Em todos os países o liberalismo vê com simpatia às Igrejas contrárias à oficial, tradicionais ou preponderantes; e o liberalismo, nos homens de temperamento místico, há o costume de resolver-se em uma adesão às primeiras. Nos países católicos o liberalismo pode levar às Igrejas dissidentes; nos protestantes, ao catolicismo. Em um ou outro caso a atitude é idêntica, já que os novos dogmas só são aceitos como uma inconformidade militante contra os tradicionais. Isto nos ajudará a compreender o seguinte parágrafo de Bargy, em seu livro sobre a evolução religiosa dos Estados Unidos: "Não poder-se-á insistir muito sobre este fato, que foi o espírito de Channing e dos unitários, de Emerson e dos transcendentalistas, o que levou Brownson e Hecker às portas da Igreja romana. Nessa época, os protestantes mais liberais haviam aderido ao unitarismo; ao mesmo tempo, as igrejas das quais aqueles se libertaram, tenderiam por desconfiança a uma reação de intolerância. O unitarismo, ao constituir-se, havia monopolizado transitoriamente esse gosto pela tolerância conciliadora que no século anterior havia favorecido seu nascimento; de maneira que para as Igrejas estabelecidas sob outra inspiração foi um período de retrocesso. Por isso Hecker as considerou como um elemento de discórdia e o desgosto pela ortodoxia protestante o lançou longe do cristianismo, sem a acolhida ampla e tranquila que encontrou entre os discípulos de Channing e de Emerson". Brownson, que declarava "não crer a não ser na humanidade" e entendia poder comparar Cristo a um "reformador social", foi em busca de Hecker que estava consagrado ao "apostolado social" no

PARA UMA MORAL SEM DOGMAS

falanstério transcendentalista; por isso passaram à Igreja católica, por um curioso processo, mais prático que espiritual, descrito no livro mencionado. Homens de ação nacionalizaram o romanismo, seguindo a política do primeiro bispo de Boston, Chévérus, um exilado pela Revolução Francesa que começou por tornar-se cidadão em sua nova sede e prestar serviços públicos de imediata utilidade.

Esse era o único salvo-conduto para estabelecer-se em um povo que julgava aos homens por sua conduta social, sem preocupar-se com seus dogmas teológicos. À medida que foi crescendo, a Igreja católica compreendeu que nesse meio os homens não associavam-se para rezar, mas para agir. E agiu. A prosperidade dos Estados Unidos começava a atrair grandes massas de populações católicas europeias: italianos, franceses, irlandeses e alemães. A Igreja católica teve uma função a cumprir, assimilá-las na nacionalidade, infundir-lhes seu espírito. "Seu papel – diz Bargy – foi formar uma vanguarda para receber o primeiro choque da imigração, acolher os milhões de exilados que vinham dos países católicos, orientar desde o desembarque suas massas flutuantes e ignorantes, governá-las pela fé até que aprendam a serem governados pela lei; ser, em uma palavra, em torno dos portos de imigração, como um braço avançado e como um grande órgão digestor capaz de assimilar os elementos estrangeiros antes de devolvê-los à nação. É por seu papel de civilizadora provisória que a Igreja católica se impôs e recebe o respeito do grande público. Este aspecto prático, o mais social e o menos dogmático possível, apresenta uma acentuada concordância com a evolução ética das Igrejas norte-americanas.

Americanizando a imigração católica, essa Igreja cumpriu uma função social; e nela teve sua parte de sacrifício, pois os melhores americanizadores se afastaram do catolicismo, cujos dogmas e cenografias eram pouco severos em comparação com os das Igrejas dissidentes. Creio oportuno ressaltar o erro no qual incorreu recentemente um orador argentino ao celebrar os grandes progressos da Igreja romana nos Estados Unidos, erro que é já um lugar comum na oratória dos países católicos. Não teria nenhum interesse entrar em uma análise estatística; limitar-me-ei a citar um parágrafo do próprio Bargy, de cuja exatidão global estou certo: "O patriotismo da Igreja americana foi posto à prova. Ao americanizar a seus fiéis, ela perdeu mais da metade deles; ao familiarizá-los com o idioma, as leis e os costumes de sua nova pátria, ela apressou sua deserção ao protestantismo ou ao livre pensamento. Segundo a estatística de imigração, os católicos nos Estados Unidos deveriam ser mais de 25 milhões (em c. de 1880): mas eram apenas 10 milhões. A perda causou alarme e buscou-se a solução na formação de Igrejas de diversas línguas fortalecendo nos alemães, nos irlandeses, nos italianos e nos franceses a lembrança de seu país natal, mantendo-os assim mais fortemente em sua religião original. O ano de 1890 começou pela divisão da Igreja católica norte-americana em Igrejas chamadas nacionais, um grande movimento... Contudo, monsenhor Ireland e todo o alto clero afirmaram decididamente a unidade: onde só deve haver uma nação, só pode existir uma Igreja nacional... Era preciso fazer de cada católico um americano, sob o risco de preparar nele um protestante... A lealdade para com o país foi anteposta à submissão à fé".

Esta atitude antidogmática e social é simplesmente inconcebível nas nações onde a Igreja católica é tradicionalmente amparada pelo Estado. E não temo em dizer, por ser notório, que as igrejas católicas dos Estados Unidos, desde os edifícios até os sermões, são muito mais semelhantes às igrejas protestantes locais, do que com as católicas dos países latinos. O catolicismo se descatoliciza, adaptando-se ao meio; negligencia os dogmas e se eleva à ação moral.

Não podemos analisar o processo que determinou uma evolução semelhante na religião judia, iniciada – a data é essencial – antes de 1850. As primeiras sinagogas reformadas funcionaram segundo o tipo autônomo do congregacionalismo puritano; seu precursor Isaac Wise, "o papa judeu da América", havia extremado em 1846 seu liberalismo, a ponto de ser expulso da sinagoga de Albany, em Nova York. Sua propaganda eficacíssima foi coroada pela declaração dos rabinos reformados (Pittsburgh, 1885), cujo liberalismo e nacionalismo norte-americano causa calafrios nos novos imigrantes que chegam saturados de ortodoxia e de sionismo. Em uma ou duas gerações – assim como com os católicos – saram de seus preconceitos e acabam por convergir aos ideais dessa "religião sem dogmas" difundida pelo unitarismo.

A assimilação moral dos judeus pelo ambiente norte-americano, sugere otimistas reflexões a respeito da adaptabilidade de sua raça nas novas nações. Sua fé na redenção pelo trabalho e pela ilustração é, simplesmente, admirável; acabam por sobressaírem-se em todas as formas de atividade social e por destacarem-se nas mais nobres emulações intelectuais. O esforço prodigioso desta raça, fortalecida nas posições, é notável em algumas Universidades, e das melhores, como a Columbia University, de Nova York; na cátedra e na aula já é sensível o fervor destes novos americanos, que encontraram na pátria de Lincoln sua Terra Prometida.

VIII. O SOLIDARISMO

Voltemos à ética social, para terminar.

Nas sociedades contemporâneas que costumam serem consideradas mais civilizadas, os ideais éticos predominantes são essencialmente sociais. O individualismo radical – do estilo de Stirner – e o humanitarismo absoluto – do estilo de Tolstoi – já são considerados como posições indispostas com a experiência moral. Não são conhecidos indivíduos que não vivam em sociedade, nem sociedades que não estejam constituídas por indivíduos; conceber os direitos individuais como antítese dos deveres sociais, implica ignorar que a condição básica desses direitos é a existência destes deveres. O direito de cada um representa o dever dos demais; e o dever de cada um constitui o direito dos outros. O ideal de Justiça, em uma dada sociedade, consiste em determinar a fórmula de equilíbrio entre o indivíduo que diz: "nenhum dever sem direitos", e a sociedade que responde: "nenhum direito sem deveres".

Assim a noção do "dever" converte-se em uma noção social. Os mandamentos da lei divina são ilegítimos? Concedido. Os mandamentos da pura razão são ilegítimos? Concedido, também. Mas o nome, pelo próprio fato de viver em sociedade, está submetido a mandamentos sociais, condições iniludíveis da vida em comum, que a força de praticar-se cada vez mais e melhor determinarão o infinito aperfeiçoamento da moralidade humana.

O dever individual já não é concebido como um imperativo da divindade ou da razão, mas como uma necessidade da vida social. O homem deve viver moralmente, porque não pode subtrair-se à sociedade de seus semelhantes; sua experiência individual forma-se em função de sua experiência social, recebendo deste os sentimentos, as crenças, a linguagem, a cooperação de todas as horas e de todos os dias, nunca interrompida. O que é a educação do indivíduo senão uma incessante adaptação de sua conduta ao meio social? O que é nossa personalidade moral senão a representação contínua de reações com que nos adaptamos à moralidade dos demais?

Somos solidários de fato com a sociedade em que vivemos. Com a sociedade imediata, que é a família, constituída pelo círculo estreito dos consanguíneos; a seguir com outros círculos mais vastos, ou dos amigos, ou dos colegas, ou da cidade; e somos também com os homens que falam nossa língua, praticam nossas leis, compartilham de nossas crenças e nossos ideais, movidos por sentimentos de solidariedade cada vez mais amplos. E quanto mais alto é o nível do homem mais vasto é o horizonte de sua solidariedade; nos grandes gênios chega a transpor um após o outro os círculos concêntricos até irradiar para fora da família, do partido, da pátria, da raça, abarcando a humanidade, a natureza, na qual nada acham indigno de compenetração e simpatia.

Da solidariedade flui a obrigação; nela mesma encontramos os elementos efetivos da sanção. O homem já não é responsável diante da justiça divina, em uma hipotética vida além-túmulo; o homem é responsável diante da justiça de sua sociedade, é esta a única vida segura. Já não nos interessa averiguar se será atormentado pelo remorso de sua consciência moral; basta o menosprezo certeiro das pessoas cuja solidariedade violou, cometendo ações que elas consideram imorais ou condenam como delitos.

A ética social preenche um vazio deixado pelos dogmas teológicos pelos dogmas racionais. Guyau não suprime, como suspeita, toda obrigação e toda sanção; substituímos fundamentos absurdos que fluem da própria experiência social, incessantemente renovada e perfectível.

E ao homem que já não crê em dogmas revelados ou racionais, pode afirmar que seu dever não se extingue ainda que mude suas crenças; que sua obrigação de viver moralmente não está subordinada a hipóteses metafísicas mas ao fato básico de viver associado com outros homens, solidarizado-se com eles. E pouco importa que não tema o inferno nem o remorso, se o meio consegue educá-lo de tal maneira que chegue a ver a reprovação social de sua conduta como o mais humilhante de seus infortúnios.

Não podemos examinar aqui as múltiplas expressões, que a ética solidarista tem tido. Parece legítimo admitir que a moralidade individual forma-se em função da moralidade social e que a perfectibilidade dos indivíduos é uma condição da perfectibilidade social. Solidariedade, pois; a associação na luta pela vida substituindo o pessimista individualismo de Hobbes. O valor da parte aumenta o valor conjunto, e o maior valor deste repercute sobre aquela; como se disséssemos que um bom professor aumenta a importância da Universidade a que pertence, e que fazer parte de uma boa Universidade aumenta a importância de um professor.

PARA UMA MORAL SEM DOGMAS

I. INDEPENDÊNCIA DA MORALIDADE
II. UMA ASSOCIAÇÃO RELIGIOSA LIVRE
III. SOCIEDADES DE CULTURA MORAL NOS ESTADOS UNIDOS
IV. ALGUNS ANTECEDENTES DO ETICISMO INGLÊS
V. AS IGREJAS ÉTICAS
VI. O CULTO RELIGIOSO DA MORALIDADE
VII. ESPONTANEIDADE E EVOLUÇÃO DA MORALIDADE
VIII. SÍNTESE DO PENSAMENTO ETICISTA
IX. O PORVIR DO ETICISMO

I. INDEPENDÊNCIA DA MORALIDADE

Os princípios éticos fundamentais no pensamento de Emerson, além de influir poderosamente sobre as Igrejas norte-americanas, determinando sua atenuação dogmática e intensificando sua ética social, reaparecem mais puros no movimento do qual nos ocuparemos a partir de agora: as sociedades de cultura moral, independentes das Igrejas tradicionais.

"America shall introduce a pure religion" havia prognosticado Emerson. Em seu parecer, puro, significava depurado de todo conteúdo sobrenatural, alheio a todo preceito teológico e metafísico, adaptável a toda verdade conquistada pela ciência, encaminhada a exaltar no homem à autoeducação, à confiança no próprio esforço, ao culto do dever social.

Na evolução das Igrejas não-conformistas estas ideias fermentavam desde o início do século XIX, sem atreverem-se a romper decididamente suas ataduras tradicionais. Channing já havia proclamado, sem rodeios, que o ideal dos unitários era antepor a comunidade dos sentimentos éticos à identidade das crenças individuais, ao mesmo tempo em que reiterava a absoluta supremacia da razão como autoridade central em matéria religiosa. Humanizando o conceito do amor a Deus, afirmava que era exatamente equiparável com o amor à virtude e à justiça; disso deduzia, legitimamente, que o cristianismo devia consistir na prática da virtude e no anseio da justiça, e não na adesão estrita a um credo cujos princípios pudessem fixar a teoria dogmática.

Com Emerson e os transcendentalistas essas tendências acentuaram-se a ponto de sua atitude parecer de franca hostilidade a todas as Igrejas cristãs; e ainda que não negassem que dentro do cristianismo, e só dentro dele, deveriam ser operadas as evoluções que julgavam necessárias, Alcott viu-se tratado como um reformador perigoso, Theodore Parker foi acusado de ateísmo, e o próprio Emerson despertou desconfianças entre os que aderiam ao tradicionalismo.

Sua propaganda, contudo, achava respaldo em todos os homens emancipados. No final os unitários radicais declararam (1866) que a completa liberdade de pensar era o direito e o dever de cada homem, dando um sentido mais amplo e liberal às afirmações de Channing sobre a desnecessária conformidade de crenças, sempre que se conservasse a unidade de aspirações morais. E desta extrema esquerda, cada dia mais orientada à heterodoxia, nasceu, em 1867, a primeira *associação de cultura moral* que se propôs realizar seus fins fora de toda comunidade cristã.

Ao mesmo tempo dois importantes núcleos de quacres e de judeus acentuaram suas respectivas dissidências em direção análoga. Os "amigos progressistas" identificaram sua religião com o bem-estar físico, moral e espiritual da humanidade, conclamando o concurso de todos os que ansiavam melhorar e enaltecer a vida do homem, sem diferenças de dogma; os "judeus liberais", cada vez mais adaptados ao ambiente americano, seguiram os mesmos passos dos unitários radicais.

Digamos, desde já, que estas associações éticas têm mais valor prático para os homens de temperamento místico que já não creem nos dogmas das Igrejas estabelecidas. William James, em suas excelentes conferências em Edimburgo sobre a experiência religiosa, insistia constantemente sobre a distinção necessária entre a religiosidade pessoal e as religiões organizadas em Igrejas. Fez notar, com perspicácia de psicólogo, que a religiosidade é primária e independente do conteúdo secundário das teologias: reconhecer a inexatidão destas não implica, para os temperamentos místicos, livrar-se de sua instintiva religiosidade, que é o produto de uma acumulada herança secular. Muitos homens, mesmo com ideias divergentes sobre a divindade, não conseguem prescindir dessa contextura sentimental que os induz a buscar a emoção do divino.

Já que tais temperamentos existem, não é possível canalizar seu misticismo a uma ação moral, intensa, benéfica para a sociedade? Podem os ideais morais substituir aos dogmas religiosos? A evolução a esses ideais poderá ser efetuada dentro das Igrejas contemporâneas? São um expoente dessa evolução as sociedades de cultura moral? Seu instrumento mais eficaz será a educação moral compartilhada na escola pública? Sem oferecê-los uma resposta a essas perguntas interessantes, pois não sou profeta, direi o que vi ou li, muito satisfeito se em alguns de vocês despertasse uma curiosidade simpática por estes fatos.

II. UMA ASSOCIAÇÃO RELIGIOSA LIVRE

As iniciativas precedentes, orientadas à autonomia da experiência moral, tiveram expressão concreta na constituição de uma sociedade religiosa livre, a *Free Religious Association* que, em 1867, declarou-se independente de todas as seitas cristãs. Propôs-se, em consonância com os preceitos de Emerson, "favorecer os interesses práticos da religião pura", deixando a seus membros a responsabilidade individual de suas crenças religiosas, sem exigir deles mais que sua conformidade com o aprimoramento humano obtido pela prática da virtude, a investigação da verdade, o desenvolvimento da solidariedade e a aspiração à justiça social.

Esta sociedade religiosa livre equivalia estritamente às sociedades que nos países latinos denominam-se de livre pensadores ou de crentes livres. A diferença de atitude entre aquela e estas foi lógica dentro da mentalidade dominante em uns e outros países. Os anglo-americanos, respeitosos ao costume, preferem afirmar seu liberalismo como uma reforma dos costumes religiosos existentes, mais como um esforço por melhorá-las do que como um propósito de destruí-las; os latinos, sem dúvida por ser maior o dogmatismo de sua religião, não podem ser liberais a não ser contra ela, para combatê-la e não para transformá-la. Por quê? É simples. O cristianismo católico, levado à proclamação dogmática da infalibilidade papal, exclui todas as transformações legítimas exigidas pelo crescimento progressivo da cultura social; o cristianismo dissidente, em troca, consente-as, pela afirmação do princípio do livre exame. O que se pode criticar e melhorar merece respeito; o que se julga infalível e intangível, só deixa a possibilidade de sua destruição. Por isso a evolução liberal do mundo cristão apresenta-se nos países educados no livre exame com os caracteres de um movimento de progresso religioso; em troca, nos países educados no infalibilismo, delineia-se como uma luta aberta contra as religiões que excluem a possibilidade de seu próprio progresso.

Na *Free Religious Association* persistiu certo espírito irreligioso que não era novo entre os unitários mais radicais; daí certa falta de coesão que acabou por produzir a decadência da sociedade, confirmando um preceito emersoniano; as pessoas não podem juntar-se, a não ser para a ação, para fazer em comum, e nunca para deixar de fazer o que já não lhes interessa.

Quando falta comunidade de sentimentos, não existe religião. É o misticismo dos indivíduos que estabelece entre eles a unidade de ação. A associação religiosa livre era uma sociedade de incrédulos que não queriam parecê-lo, esquecendo-se que por trás de sua irreligiosidade havia uma questão de temperamento, como observa Auguste Sabatier, em seu *Esboço de uma filosofia da religião*, que as chamadas "religiões naturais" não são religiões, mas artefatos intelectuais de pessoas que carecem de sentimentos místicos e não sabem se comunicar com sua divindade racional por meio da oração. Por isso mantêm uma distância entre o homem e a divindade, sem nenhum comércio intenso, sem buscar uma ação dela sobre o homem, fora da que naturalmente flui das leis naturais. No fundo, estas pretensas religiões lhe parecem simples filosofias; nascidas em uma época de racionalismo e de historiografia crítica, nunca foram outra coisa que abstrações nominais, sem conteúdo místico algum. Por isso veremos que, pouco a pouco, nas sociedades éticas foi penetrando um misticismo que em seu início quiseram evitar; sua função de unir vontades para a ação moral sem dogmas teria sido ineficaz enquanto a massa de seus membros não fosse animada pela levedura de uma nova fé. Só assim se satisfazem os temperamentos religiosos; nunca por simples doutrinas de arquitetura racional.

III. SOCIEDADES DE CULTURA MORAL NOS ESTADOS UNIDOS

Um dos presidentes da sociedade livre, professor de línguas orientais na Universidade de Cornell, atacou a obra com fins mais concretos. Filho de um rabino, e destinado a sê-lo também, Félix Adler, depois de estudar alguns anos nas universidades alemãs, creu que sua vocação era outra; o estudo da crítica bíblica, a influência da ética kantiana e o auge da filosofia naturalista, fizeram com que perdesse toda confiança na autoridade das teologias. Isto não modificou seu temperamento místico nem minguou sua fé na necessidade da educação moral; a dignidade, o culto da virtude, o valor da vida humana, o esforço à perfeição, a santidade, perderiam seu profundo sentido pelo fato de o homem se apartar das religiões dogmáticas?

Acreditava, como Emerson, que a vida privada e pública, na sociedade contemporânea, tendia efetivamente a uma queda em seu nível moral, vendo nisso um resultado indireto do velho tradicionalismo que identificava a moralidade com a religião; perdida a fé nos dogmas desta, ressentia-se daquela. Qual era a solução? Voltar aos dogmas cuja falsidade parecia evidente? Isso, além de imoral, lhe pareceu desnecessário. A única coisa lógica e moral era salvar a ética, nesse naufrágio lento dos dogmas religiosos. Como? Tornando-a independente.

Se pudéssemos deter-nos para comparar a biografia de Emerson com a de Adler – seu meio social, seu ambiente familiar, seu temperamento, sua educação pessoal, sua evolução religiosa – descobriríamos um paralelismo constante, no conjunto e nos detalhes, entre o fracassado pastor unitário e o abortado rabino judeu. Tudo o que aquele imaginou pregar com suma eloquência e escrever em estilo fervoroso, reaparece como ponto de partida no homem que, em 15 de maio de 1876, fundou em Nova York a primeira *Society of Ethical Culture*.

Proclamar antes de qualquer coisa a "autonomia da moralidade" e propor-se a "educação moral" de seus membros, foram os temas de seu programa: organizar a vida moral dos indivíduos e da sociedade sem preocupar-se com crenças teológicas e metafísicas; quer dizer, assentar racionalmente a formação do caráter e das regras da conduta, inspirar o desejo e a força de agir moralmente, pôr como farol da vida humana o ideal do aperfeiçoamento ético. Sobre a base única da experiência moral, este último deve derivar-se das novas condições de vida implícitas no progresso incessante do mundo moderno.

Bem cedo a sociedade formulou princípios, dignos de serem mencionados para se compreender melhor seu espírito. "A lei moral – dizem – é independente de toda teologia; é-nos imposta por nossa própria natureza humana, e sua autoridade é absoluta. As aspirações democráticas e científicas de nossa época, assim como o desenvolvimento de suas atividades industriais, engendraram novos deveres que são necessários reconhecer e formular. Temos o dever de empreender grandes obras de solidariedade social, agitando a indiferença geral; mas nosso primeiro dever é a *self-reform*, nossa própria reforma individual. A organização interna da Sociedade Ética deve ser republicana, "correspondendo o trabalho e a responsabilidade a todos os membros, tanto como ao pastor. É da maior importância a educação moral das crianças, para nelas cultivar o sentimento de valor e dignidade humana."

O espírito de tolerância e a indiferença pelos dogmas foram, se tanto, expressos com maior firmeza que até então: "Durante mais de três mil anos os homens têm disputado sobre as fórmulas de sua fé e com isso acentuou-se a diversidade de crenças. Respeitaremos toda convicção sincera. Unamo-nos no que nada pode nos dividir: na religião prática da ação, ali onde o fiel e o infiel podem descobrir-se irmanados". Os profetas e os filósofos estão de acordo sobre a primazia da moralidade na vida social, ainda que difiram na apreciação de sua origem; o importante é que, por discutir sobre sua origem, não se acabe por desamparar a cultura da moral nos homens.

À primeira vista, sem conhecer o processo de seu desenvolvimento, seria possível supor que o eticismo apresenta analogias com a religião da humanidade de Auguste Comte, e ainda haveria suspeita de que esta pôde ter alguma influência sobre aquele. Nada menos certo, no entanto. Os verdadeiros inspiradores do eticismo foram Kant e Emerson; Kant, por sua ética e sem sua metafísica, Emerson por seu otimismo naturalista e sem seu misticismo transcendental.

De Emerson acolheram com simpatia o conceito panteísta – melhor diríamos humano – da Divindade, confundida com a moralidade mesma e distribuída em todos os homens na medida em que esses são virtuosos: "Um homem é Deus enquanto é justo; com a justiça entram em seu coração a confiança, a imortalidade e a majestade de Deus... A lei moral é a lei natural de nosso ser. Um homem tem tanto mais vida, quanto maior for sua benevolência; todo mal é um tanto de inexistência e de morte. O homem que persegue fins bons leva em si toda a força da natureza; a maldade absoluta seria a morte absoluta. A compreensão do sentimento moral é uma evidência da perfeição de nosso espírito. Esse sentimento é divino e torna-nos deuses".

Note-se, já, o bom sentido dos eticistas ao não proscrever o sentimento religioso e o hábito ancestral de adorar o divino: nem sequer preocupam-se em afirmar a falsidade dos dogmas ou de combater o mito do sobrenatural; deixam a este respeito uma janela aberta sobre o horizonte do teísmo tradicional, confiando em que diante do possível erro dos homens poderão repetir a frase clássica de Santo Agostinho: "Deus meu, se estamos enganados o temos sido por ti". Limitam-se a prescindir dos dogmas e dos mitos como crenças, tratando de aproveitar os sentimentos que a humanidade acostumou associar a eles. Os homens necessitam de uma religião? Oferecem-lhes a do ideal moral. O sentimento do divino não pode desarraigar-se porque é secular? Demonstram que a divindade consiste na perfeição do homem a um ideal supremo de virtude. Podem ser acusados de serem irreligiosos e difundir o ateísmo? Toda sua ação ética é o exercício do melhor a que aspira ao sentimento religioso e no foro de sua consciência moral pode cada eticista adorar a Deus da forma pela qual sua própria razão o conceba.

As primeiras preocupações das sociedades eticistas foram, em suma, encaminhadas a três objetivos principais. Contribuir para estabelecer uma paz religiosa mediante a unificação moral, pondo fim às inúteis querelas dogmáticas dos teólogos; unir von-

PARA UMA MORAL SEM DOGMAS

tades para reagir contra o relaxamento da moralidade privada e pública, assim como contra o desalento dos céticos e a ineficácia social dos individualistas; e, por fim, buscando curar o mal na semente, assegurar às crianças uma educação moral intensa, para que esses sejam amanhã homens capazes de confiar em si mesmos e de alentar firmes ideais.

Com relação a Emerson, as sociedades de cultura moral representam um ensaio prático para tornar efetivas as doutrinas dominantes no segundo período de sua vida, quer dizer, as propriamente sociais; nelas continuam inspirando-se, não obstante certa liberal amplitude de critério que nunca as obriga a seguir estritamente sua palavra nem a crer que tenha sido definitiva! A moralidade vai se formando, assim como a verdade; seria renegá-la, aceitar como sentenças imutáveis as opiniões de qualquer pensador, já que este, no melhor dos casos, só representa o topo da cordilheira que se esboça indefinidamente ao porvir.

Não é nosso objeto examinar minuciosamente a expansão das sociedades éticas americanas; basta dizer que são numerosas e que sua ação social desenvolve-se com sensível eficácia em alguns Estados. Cada uma delas aspira a ser um lugar moral para todos os seus componentes; estes empreendem fundações de utilidade prática, escolas, casas para operários, obras de solidariedade social, sem se esquecer por isso o estudo de todos os problemas sociais e políticos que afetam a vida nacional. Sua atitude para com as religiões que realizam obras análogas é de tolerância e de simpatia, sendo frequente sua cooperação para favorecer iniciativas alheias.

IV. ALGUNS ANTECEDENTES DO ETICISMO INGLÊS

Assim como nos Estados Unidos, numerosas heterodoxias religiosas precederam na Inglaterra à fundação das sociedades de cultura moral. Um pastor anglicano, Voysey, havia atacado durante quarenta anos ao cristianismo em nome de uma religião universal, proclamando em sua "Igreja Teísta" a supremacia da moral sobre o dogma; os "Secularistas", que Guyau menciona na religião do porvir, não eram outra coisa que uma religião ateia, ainda que esta qualificação pareça absurda; um grupo de positivistas havia fundado em meados do século uma "Igreja da Humanidade". Mais importante foi a Sociedade Religiosa Livre, de South Place; que deu origem, em 1825, a uma "Associação Unitária Inglesa", vinculando a Carlyle, a John Stuart Mill, a Martineau, a Holyoake, a Robert Browning; ouviu em seu púlpito a William Fox, defendendo a Th. Paine em suas horas de perseguição; convidou a Max Muller, Tyndall, Huxlei e Darwin para falar em seu meio; dedicou-se "ao dever da livre investigação e ao direito da liberdade religiosa", sem outro vínculo entre seus membros que a "comunidade da virtude". Não é necessário insistir sobre o parentesco intelectual deste grupo inglês com o emersonismo; e tudo leva a supor que em sua primeira época teve sobre ele alguma influência. A *Sociedade Religiosa Livre*, tendo fundado em Londres as primeiras sociedades de cultura moral, converteu-se na *Sociedade Ética de South Place*.

É interessante ressaltar dois fenômenos curiosos de adaptação ao meio, bem manifestos no movimento eticista inglês; por ser nele mais acentuado preferimos seu exame ao do eticismo norte-americano.

Na América os únicos rastros filosóficos perceptíveis foram os de Emerson e Kant, independente do liberalismo prático de todas as religiões, e especialmente da unitária. Na Inglaterra, pelo ano de 1885, as doutrinas filosóficas mais difundidas eram o agnosticismo, o neo-hegelianismo e o evolucionismo, professadas pelas pessoas liberais e revolucionárias; frente a elas já pronunciava-se a atual reação espiritualista e religiosa, favorecida pelos partidos conservadores, que pelo disfarce do idealismo concentraram os privilegiados e beneficiários do regime feudal contra a evolução democrática iniciada pela Revolução Francesa.

Estamos em plena história contemporânea. Contra os que se interessavam cada vez menos pelo passado e cada dia mais pelo

PARA UMA MORAL SEM DOGMAS

porvir, contra os que combatiam o Dogmatismo e o Privilégio, em nome do Livre Exame e da Solidariedade Social, difundiu-se a denominação de "materialistas" e "positivistas", sabendo que estas palavras têm para as pessoas simples um significado de baixa moralidade e de ausência de ideais; isso permitiu explorá-las em favor de uma regressão religiosa, igualmente fomentada pela Igreja católica e pela anglicana, ambas a serviço das classes feudais da sociedade. Frente ao progresso do espírito moderno, e para reconquistar as posições perdidas, atraiu-se as mulheres, as congregaram em corporações monopolizadoras do âmbito social, e captaram a educação de suas filhas; a estas, as mães da geração seguinte, impuseram-lhe – *sine qua non* – que entregassem seus filhos a educadores religiosos, para adestrá-los a aborrecer os ideais de seus pais. Esta habilíssima política, comentada desde seu início por Michelet, em suas memoráveis conferências sobre os jesuítas, teve em meio século o êxito que vocês já conhecem: é moda, é prudente, é cômodo, é de bom tom, professar alguns desses novos espiritualismos palradores que permitem contemporizar com o misticismo das classes dirigentes. Vocês sabem que em todas as épocas que se preocuparam em *fazer carreira* na política, no ensino, na burocracia, nos salões, precisaram aderir às "ideias" correntes no meio social. Ou a fingiram. O *não-conformismo* foi o belo privilégio de poucos renovadores extraordinários.

Terminemos este parêntese de história da filosofia contemporânea, cuja importância será mais bem apreciada pelos que vierem a estudá-la dentro de um século. Por ora há um fato que é, para todos, a própria evidência: as classes conservadoras fortaleceram as Igrejas dogmáticas, confiando aos teólogos a luta contra as classes progressistas que surgiam das universidades. Imputando a estas o já conhecido materialismo, e sugerindo que não há moral possível fora da religião, procurou-se reabilitar o dogmatismo em nome da moral. Vocês conhecem a doutrina difundida pelos teólogos contemporâneos: "é indispensável renunciar às verdades adquiridas pelas ciências se comprometem o espiritualismo tradicional em que se baseia nossa moral religiosa". São palavras do ilustre cardeal Newmann. Vocês conhecem também o *Syllabus*, monumento único na história do dogmatismo.

A fundação das sociedades éticas na Inglaterra revela uma atitude interessante de dupla censura: contra o pretenso "materialismo" e contra este novo "espiritualismo" que em nome do passado pretende interceptar a livre investigação da verdade.

Os eticistas ingleses, como os americanos, afirmaram que o livre exame e o sentimento natural são os únicos árbitros em questões religiosas; insistiram em que a moralidade não é dogmática, mas o produto espontâneo e perfectível da experiência moral; proclamaram, enfim, que nenhuma verdade adquirida pelos homens podia minguar seus ideais morais. E em vez de renegar às novas verdades que não se ajustavam aos velhos catecismos, trataram de pôr a experiência moral em consonância com a verdade, "a fim de que nenhum homem se visse obrigado a cometer a suprema indignidade de ter que acreditar no absurdo para salvar sua moralidade".

Assim explica-se que apareçam certas influências filosóficas, não estranhas ao eticismo norte-americano, mas mais acentuadas no inglês. "As doutrinas que tiveram uma influência mais evidente sobre ele – diz Johann Wagner, um discípulo de Coit –, e sem as quais teria revestido uma forma diferente, são as teorias evolucionistas de Darwin e de Spencer, e os ensaios de moral darwinista e científica, particularmente a ética de Leslie Stephen, que foi durante muito tempo presidente de uma Sociedade de Cultura Moral. É o método evolucionista que se quer aplicar ao estudo dos fatos religiosos e morais; não são conhecidas ideias absolutas e imutáveis; a moralidade, particularmente, evolui sem cessar, por outro lado, sob a influência de Stephen e de Spencer, os eticistas não concebem a ética como um conjunto de regras abstratas para a conduta do indivíduo; insistem sobre a influência da sociedade, as origens sociais da moralidade, o caráter social da natureza humana;

PARA UMA MORAL SEM DOGMAS

o altruísmo nos é tão inato e tão natural como o egoísmo; todas as relações da vida em sociedade devem estar submetidas ao domínio da moralidade. Desse modo, separam-se, da ética teológica e dogmática que só vê na "humanidade uma associação acidental e só ocupa-se da salvação individual, ainda que, para completar, a relega a um mundo hipotético e extra-humano. Como a maior parte dos moralistas posteriores a Darwin, os eticistas consideram a moral como uma ciência positiva e não juntam a ela as tradicionais preocupações "teológicas". Ainda que as ideias dos eticistas sobre uma religião humana e natural, e sobre a divindade do homem, façam lembrar às vezes as de Comte e de Feuerbach, não é possível encontrar vestígios de uma influência segura. É fácil, por outro lado, achá-los a respeito dos poetas e escritores ingleses do século, que sempre mantiveram aceso o sentimento do dever e do culto da justiça: Shelley, Wordsworth, Browning, Tennyson, Mathew Arnold, Coleridge, Swinburne, George Elliot; é digno de nota que na mesma época do movimento eticista floresceu a *Sociedade Fabiana*, de acentuado caráter social, quando o povo inglês ouvia como novos apóstolos aos Watts, aos Ruskin e aos Morris.

Esses e outros esforços convergiam para capacitar o homem a viver em um plano superior de moralidade, harmonizável com o conhecimento de todas as verdades, propício à compreensão de todas as belezas. Por que uma nova moral não seria compatível com Darwin e Ruskin, com Spencer e Morris? Por que o homem renunciaria neste mundo à verdade e à beleza, buscando a sorte em outro mundo? Como seria possível que a divindade todo-poderosa e clemente pusesse a mentira e a falsidade como preço de sua recompensa futura?

Em 1886 um grupo de intelectuais, professores universitários e homens afeitos ao estudo dos problemas sociais, fundaram a *London Ethical Society*, propondo-se "a cooperar com o estudo e exposição dos verdadeiros princípios da moralidade social". Não tinha nenhum caráter religioso e afirmava antes seu propósito de despertar na juventude o sentimento das responsabilidades cívicas e sociais. Com espírito análogo foram fundadas sociedades semelhantes em Cambridge, Oxford, Edimburgo, etc.

V. AS IGREJAS ÉTICAS

Félix Adler, teve entre seus amigos e discípulos, um emersoniano inglês, doutor em Filosofia, Stanton Coit, que o induziu a fundar em Londres um ramo da *Sociedade Ética Americana*; foi o ponto de partida das cinquenta que existiam em 1914, às vésperas do início da grande guerra. Coit, em 1888, sendo conferencista na *Sociedade Religiosa Livre de South Place*, fez vir a Londres o professor Adler, que na América lhe havia associado ao movimento eticista. A atividade de Coit, como organizador e propagandista, foi grandessíssima, tanto para fazer como para falar e escrever. Com o objetivo de diminuir as resistências que o ambiente tradicionalista havia oposto, até então, às sociedades de livres crentes, imprimiu às novas um caráter marcadamente religioso, não hesitando no final em chamá-las *Ethical Churchs*. Em 1896 teve início a formação de uma União de Sociedades de Cultura Moral, cujos princípios, renovados e aperfeiçoados sem cessar, abrangem: a independência da moralidade, sua supremacia, os móveis da conduta moral, a confiança em si mesmo e a cooperação social, a evolução das morais, o método científico aplicado ao estudo da experiência moral, a necessidade das reformas econômicas e sociais, da autoridade em moral, da liberdade na União eticista e do poder da comunidade moral.

Esses princípios são dignos de serem lidos:

a) Em todas as relações da vida, pessoais, sociais, políticas, o fator moral deveria ser o objeto de nossa preocupação suprema.

PARA UMA MORAL SEM DOGMAS

b) O amor ao bem e o amor aos nossos semelhantes são as causas primárias da conduta moral; as verdadeiras fontes de ajuda são a confiança em si mesmo e a cooperação.

c) O conhecimento do bem evoluiu ao longo das experiências feitas pela humanidade, e nós, que advogamos por um ideal progressivo de justiça pessoal e social, devemos tomar como ponto de partida as obrigações morais geralmente aceitas pelas comunidades civilizadas.

d) A autoridade suprema, quanto à moralidade de uma opinião ou de uma ação, é para cada indivíduo seu próprio juízo, ponderado e avaliado, depois que tiver levado em consideração as convicções dos demais.

e) Em vista do bem-estar da sociedade, é necessário estabelecer as condições, econômicas e de toda índole, que favorecerão melhor o desenvolvimento integral de cada indivíduo.

f) Convém aplicar o método das ciências positivas ao estudo da experiência moral.

g) A vida moral não implica a adoção ou a rejeição da crença em nenhuma divindade pessoal ou impessoal, nem em uma vida após a morte.

h) Não se deve fazer depender o ingresso a uma sociedade eticista a adoção deste ou daquele critério último do bem.

i) As sociedades de cultura moral são o mais poderoso meio de alentar o conhecimento e o amor dos princípios que regem a conduta moral, e de criar em seus membros a força de caráter necessária para convertê-los em ação.

Consequentes com o princípio que põe na sociedade humana as fontes da moralidade, dedica atenção preferencial às questões sociais, não descuidando de nenhum fenômeno que possa constituir um tema de estudo ou que possa servir para o desenvolvimento de uma atividade moralizadora. Em 1910 a União publicou uma interessante Declaração sobre as questões sociais cujas bases podem ser sintetizadas da seguinte maneira: O progresso moral da raça – diz – está estreitamente vinculado a seu bem-estar material; necessitamos, pois, de uma legislação eficiente para assegurar a todos um trabalho dignamente remunerado, assegurando o bem-estar dos que se encontrem inválidos para o mesmo, dando a todos um lugar confortável, proporcionando descanso e recreio aos que necessitarem. Julga-se indispensável a reforma completa do regime escolar inglês, tornando-o laico e gratuito, educando diante de todo o caráter, organizando sistematicamente uma instrução cívica e moral. Auspiciar a igualdade civil e política dos dois sexos; uma moral sexual equivalente para o homem e para a mulher; medidas legislativas para impedir os matrimônios eugenicamente perigosos; luta contra o alcoolismo e o jogo; saneamento da imprensa e dos partidos políticos; esforços para ajustar as relações internacionais a uma mais alta moralidade até o presente.

Quase não há movimento internacional de progresso e de liberdade ao qual esta União não tenha se associado, com uma amplitude de visão realmente louvável; em um dia promove *meetings* feministas, em outro protesta contra a execução de Ferrer; luta hoje contra o tráfico de brancas, amanhã celebra funerais a Tolstoi, até organizar dois *Congressos Internacionais de Educação Moral* (Londres e Haya), o primeiro *Congresso universal das raças* (Londres, 1911) e a *Liga Inglesa para o Ensino da Moral*, que já tem entre seus adeptos a muitos membros do parlamento inglês.

Na bibliografia, já vasta, chama a atenção um caráter geral: a falta desses adornos literários que costumam suprir o pensamento claro ou que se empregam para encobri-lo. Paul Desjardins tem dito que alguns discursos dos eticistas evocam por sua elevação e sua eficácia aos estoicos antigos, e tem acreditado poder compará-los às páginas do *Manual* de Epicteto.

Cada Sociedade ou Igreja é livre para formular seus princípios como parecer-lhe conveniente, dentro das linhas gerais apresentadas. Como exemplo de uma delas, leiamos os "princípios" e "fins" enunciados na Constituição da *Ethical Church,* em que se transformou a *West Ethical Society.*

a) Princípios.

1. – A vida moral tem sobre nós direitos supremos, que não repousam sobre uma autoridade exterior, nem sobre um sistema de recompensas e castigos sobrenaturais, mas originam-se na natureza do homem, enquanto ser inteligente e social.

2. – Na prática, a vida moral deve ser realizada pelo cumprimento dos deveres geralmente reconhecidos como moralmente aceitáveis e, além disso, pelo cumprimento de obrigações que ainda não penetraram na consciência social.

3. – Considerando a supremacia desses direitos da vida moral para o homem, o ideal ético deve ser considerado como o objeto de nossa devoção religiosa, consistindo a religião na obediência e na lealdade a qualquer objeto que se considere digno da suprema devoção.

b) Fins.

1. – Concorrer e desenvolver a ciência da ética.

2. – Mesmo deixando os membros absolutamente livres para crer ou não na existência de uma vida ulterior e em uma realidade que excede a nossa experiência, ensiná-los que suas ideias e práticas morais sejam independentes delas.

3. – Insistir sobre a importância do fator moral em todas as relações da vida, pessoais, sociais, políticas, nacionais e internacionais.

4. – Ajudar os homens a conhecer, amar e praticar o bem, por meios puramente humanos e naturais.

5. – Infundir nos membros a força e a inspiração que emanam da atividade em comum e da confraternidade moral.

Em síntese, a Sociedade propõe-se a intensificar a moralidade sobre uma base não dogmática e naturalista.

É justo assinalar, já, a segunda forma de adaptação ao meio, sofrida na Inglaterra pelas sociedades de cultural moral. As reuniões vão tomando o aspecto de cerimônias religiosas; ainda que não haja liturgia fixa, o procedimento aproxima-se muito ao das atuais Igrejas unitárias dos Estados Unidos. Para compreender melhor o espírito das reuniões, creio ser útil traduzir a descrição da igreja, feita por um membro da mesma: "A antiga capela metodista que é agora a *Ethical Church*, compõe-se de um anfiteatro, cercado por duas galerias sobrepostas. Assim tudo converge para a cátedra, ou melhor, para a tribuna, adjunta à parede do fundo; um afresco de cores vivas a adorna, representando homens que passam tochas de mão em mão. No alto, sobre o afresco, um busto de Palas Atena preside a todos os ofícios do culto. Dois baixorrelevos de Della Robbia, com músicos e cantores infantes, estão encaixados na parede, de ambos os lados da tribuna. Diante desta, sobre duas colunas, estátuas de Jesus e de Buda, e em toda a sala bustos de Marco Aurélio, Lincoln, Sócrates, Josephine Butler, etc." Estes detalhes decorativos falam pcr si mesmos mais que um programa.

Não há culto religioso sem conferência ou sermão.[1]

---

1   É curioso ler alguns títulos da série correspondente a um trimestre de 1912: *"O Deus de Bernard Shaw"* – *"Deus: o Bem atuante no mundo"* – *"Como Deus necessita de nós"* – *"A irreligião do Porvir"* – *"A ideia de que a civilização é uma enfermidade"* – *"Os castelos de cartas dos utopistas"* – *"A Grande Ilusão de Norman Angell, os Della Robbia, Robin e Meunier"* – *"A religião de Riquet*

PARA UMA MORAL SEM DOGMAS

Na impossibilidade de fazer uma resenha analítica das ideias contidas na vasta bibliografia, digamos somente que a Igreja encarregou, em 1913, a Stanton Coit, da redação de um *Social Worship*, o Manual do Culto Societário, cujos dois volumes acentuam ainda mais o caráter religioso das sociedades éticas inglesas. E para que essa evolução da forma não leve a crer que as ideias mudaram, mencionaremos esta passagem de um sermão sobre a lealdade intelectual: "Se um homem possui uma crença, mas reprime as dúvidas que surgem em seu espírito a respeito dela, e evita os homens e as leituras que dela tratam e poderiam ser esclarecedoras para ele, e tem além disso por ímpios os pensamentos que poderiam perturbá-la, a vida desse homem não é mais que um enorme pecado para com a humanidade".

VI. O CULTO RELIGIOSO DA MORALIDADE

Acostumados a conceber a independência moral como um departamento da religiosidade – como efeito da religião dogmática em que fomos educados – causa-nos certa estranheza a conservação da exterioridade cerimonial, e mesmo do nome de igrejas, em sociedades cuja concepção naturalista da divindade não conseguimos distinguir do ateísmo.

Talvez uma comparação com algo que conhecemos definidamente, permita-nos entender melhor o sentido global do eticismo inglês. Pondo no homem a divindade e vislumbrando seu aperfeiçoamento moral como o advento da própria divindade em cada homem, o

---

na biblioteca de seu mestre Borgeret" – "A senhora Signey Webb e as outras mulheres" – "Devemos cumprir nossas promessas" – "A política acima dos partidos" – "O poder que salva os homens" – "Péricles e o Paternão" – "A construção de São Pedro em Roma" – "A história do divórcio" – "O temor da responsabilidade" – "Os sete sacramentos da Igreja romana" – "A moralidade do Rito" – "Em que Jesus Cristo ultrapassa aos demais homens" – "Doze conferências sobre os Salmos", etc. Podemos inferir destes temas que a Igreja pretende ser, ao mesmo tempo, uma verdadeira Universidade popular com suas correspondentes projeções luminosas e filmes cinematográficos.

eticismo apresentar-se-ia como uma doutrina do super-homem moral, predestinado a surgir do homem religioso contemporâneo, e satisfazendo as tendências místicas do temperamento individual.

Lembrem-se que William James, depois de estudar as *Fases do sentimento religioso*, chega à conclusão de que na hipótese da divindade os homens sintetizaram um sentimento de admiração pelo que creem primordial, unânime e verdadeiro em si mesmo. A religiosidade só pode defini-la como "a reação total frente à vida"; daí sua pergunta: por que, então, não dizer que qualquer reação total frente à vida é uma religião?

Deixo a vocês a resposta, muito cômoda para os ateus que não querem passar por tais: confesso que a pergunta de James parece-me muito capciosa, mas suspeito que é perigoso seguir confundindo a humanidade com sábias hipocrisias. A questão é outra: a religiosidade é um sentimento individual, mas as religiões só começam a existir quando os indivíduos organizam-se para cultivar ou difundir crenças comuns, uniformizando sua conduta para certas práticas. Ao dizer, pois, que o eticismo pode assumir um aspecto religioso, referimo-nos, sem ambiguidade, à organização de verdadeiras comunidades regidas por práticas rituais, e não às simples reações dos indivíduos frente à vida.

Em algumas das Igrejas éticas produziu-se, com o tempo, um fervor místico que parece contrastar com o espírito antidogmático e de livre crítica que figura em seus programas. Aprofundando-se o exame, todavia, percebe-se que a aparente contradição é apenas um resultado de nossos hábitos mentais, que nos impedem de separar duas coisas que acostumamos a ver unidas: o sentimento místico e as crenças dogmáticas. Os eticistas, não só respeitam o primeiro ao repudiar as segundas, mas tratam de utilizar em benefício da moralidade o misticismo que atualmente está desviado por dogmas contrários a sua espontânea expansão: oferece um campo de experiência mais vasto a uma inclinação ainda frequente na personalidade humana.

PARA UMA MORAL SEM DOGMAS

Por outro lado, atendendo somente a sua eficácia sobre cada um de seus crentes, é indubitável que as Igrejas de todos os tempos, além de satisfazer os sentimentos místicos, satisfizeram muitos sentimentos estéticos. O fato de o objeto de culto ser um Deus sobrenatural ou a Moralidade humana, deve reconhecer-se que o cerimonial de uma Igreja é um elemento efetivo de exaltação ao próprio culto. Os jesuítas, profundos psicólogos, compreenderam sempre que a riqueza ornamental de suas igrejas é o melhor chamativo para atrair as massas místicas; o número de crentes que pode olhar essa *mise en scène* como uma falta de respeito à Divindade, é muito pequeno. Por essa mesma razão compreendemos que, em certa medida, os eticistas viram-se na necessidade de não estremar seu primitivo desejo de formas simples e severas; atualmente dão a impressão de igrejas cristãs, onde se tem convertido Deus na Moral e substituído o paraíso pela natureza, sem que tudo isso diminua a exterioridade do culto.

"*Temos um Deus: temos altares.* Nosso Deus: *o Ideal Moral,* a potência do bem na humanidade, ou melhor, todas as forças do bem atuantes no mundo. Nosso Deus está disseminado em toda a humanidade.

"Em todas as partes, onde um ser trata de fazer o bem e esforça-se por aperfeiçoar-se moralmente, ali está Deus, ali Deus aconte-ce. Não vive a não ser em nós e por nós, e todos nós em alguma medida somos divinos.

"Nosso Deus *não é todo-poderoso, não é sobrenatural, não é exterior à humanidade.*

"Não é a força de um Deus o que o torna divino a nossos olhos; um Deus todo-poderoso horroriza-nos. Nunca adoraremos a força; só adoraremos e só queremos servir à justiça e à bondade, mesmo que sejam tão frágeis como uma criança em seu berço. Mas nossa religião não exclui a contemplação comovida das forças do universo, a admiração da regularidade das leis naturais. Por outro lado, nossa moralidade não é uma mesquinha preocupação pessoal. Aspiramos pôr, cada vez mais, a força a serviço do direito. Nossa missão é levar o triunfo da inteligência sobre o instinto, da moralidade responsável sobre a força irresponsável. Assim a moralidade deixa de ser um assunto privado e torna-se cósmica. Poderá ser, acaso, algum dia, o instrumento mediante o qual nosso amor desinteressado guiará ao universo."

Convenhamos, francamente, em que não é possível pedir uma linguagem mais impregnada de misticismo, de religiosidade. O sentimento do divino, a emoção do transcendental emana de páginas escritas para sugerir que a perfeição moral não requer a cooperação de entidades sobrenaturais nem de princípios anteriores à experiência humana. Para aqueles aos quais não temos um temperamento místico, sempre será um pouco desconcertante este misticismo naturalista.

"Crê-se com muita frequência que os deuses são, necessariamente e por definição, espíritos sobrenaturais. As mais fortes razões morais e de sentido comum impedem-nos crer em um Deus sobrenatural; tal classe de divindade nos seria repugnante. Se, apesar disso, somos felizes de ter em nossa comunidade a cristãos, sempre que nos ajudem e nos amem, é porque entendemos que não fazem mais que interpretar mal uma realidade que adoramos como eles. Rejeitando, não a existência – pois essa questão não nos importa –, mas a pretendida potência redentora de seres sobrenaturais, renunciamos à possibilidade de sermos assistidos por uma divindade sobrenatural, ou por um ser humano depois de sua morte, e particularmente por Jesus de Nazaré, reconhecendo, todavia, a assistência que pôde prestar antes de sua morte e o valor imperecível de seus conselhos e de sua conduta, que continuam assistindo à humanidade com o valor do exemplo. Para um eticista que começa a afirmar a autonomia da moralidade e põe em segundo plano o demais, tudo o que diminui a responsabilidade humana é condenável. Desde o momento em que você implora o auxílio de um Criador pessoal, você subtrai sua própria responsabilidade e renega a fonte imanente de redenção. Ainda que exista um Criador, não devemos humilhar nossa humanidade nem viver prostrados diante dele. A moralidade que não é puramente humana, deixa de ser moralidade."

Todos os escritos dos eticistas ingleses convergem para a afirmação de que a noção de realidades sobrenaturais (salvo que se chame sobrenatural à perfeição moral suprema) não é necessária para o desenvolvimento das forças morais, e é preciso rejeitar a opinião dos que, sabendo que aquelas são ilusórias, persistem em crê-las de utilidade prática. O motivo supremo da conduta deve ser o respeito do ideal moral; quando é meditado com reverente simpatia, converte-se em fonte de inspirações tão fecundas como as que até agora emanaram de entidades sobre-humanas. Os ideais não se projetam sobre a tela do céu, nem flutuam vagamente no universo: vivem nos homens e entre os homens, reconhecendo a estes o valor de sua personalidade e compreendendo que devem se manifestar na família, na cidade, na nação, no mundo. Um novo conceito do respeito próprio nasce nos eticistas ao afirmar que todo ser se diviniza quando nele desperta a consciência da lei moral; blasfemar contra o homem, como fazem os pessimistas e os céticos, é blasfemar de Deus, que só se manifesta no homem. Seja qual for a interpretação que o homem tenha da divindade, seja qual for sua teologia ou sua filosofia, a única coisa que o torna divino é a experiência moral; daí que no culto do ideal moral possa assentar-se a única religião incompatível com dogmas e seitas, daí que seus membros não acreditem que será essa "a religião dos incrédulos", mas a forma de crença mais pura a que possam chegar os verdadeiros crentes. Em um dos hinos que os eticistas costumam cantar lemos estas palavras de Swinburne: "Os deuses rejeitam, enganam, negociam, vendem, calculam, economizam...", e Stanton Coit, completa o pensamento: "o homem não rejeitará a ninguém, não perderá um só de todos os homens para dignificá-lo; a todos os enaltecerá com seus cuidados e com seu amor".

JOSÉ INGENIEROS

Insisto em mencionar algumas passagens e fórmulas que parecem inconciliáveis; meu objetivo não é apologético, mas puramente informativo. É útil ver como toda nova corrente de ideias, todo novo ensaio de práticas parece imperfeito e cheio de dissonâncias. Contra o desejo de emancipar-se do passado, o passado continua exercendo alguma influência; em toda renovação, de costumes ou de ideias, a experiência secular de nossos avós reaparece, reclama seu lugar, não se resigna a ceder nem a morrer, apresentando-nos o quadro inquieto do hábito lutando contra a nova experiência, da herança resistindo à variação.

Concebido o movimento eticista como uma emancipação moral de toda tutela dogmática, vemos que o hábito de práticas religiosas seculares infiltra-se nele e tende a convertê-lo em uma religião, sem conteúdo sobrenatural, certamente, mas religião no final, se a consideramos como conjunto de práticas e como atitude sentimental para algo que se considera Divino.

Todavia, em maior ou menor proporção, o novo altera sempre o velho, a variação modifica sempre a herança; e nisso está a evolução que engendra aperfeiçoamentos. As sociedades éticas tornam-se cada vez mais religiosas, mas sua religiosidade é bem distinta da que há nas religiões precedentes; não representa uma verdadeira regressão ao tipo de que se afastaram no começo. Para aumentar sua eficácia os eticistas adotaram, por temperamento ou deliberadamente, os costumes exteriores que o sentimento místico reclama como necessárias, sem renunciar por isso à heterodoxia intrínseca de sua doutrina.

"A religião – diz Stanton Coit – convertida a um espírito social e democrático, ensinará o respeito de si mesmo como a primeira virtude religiosa, fundará seu plano de redenção sobre esse respeito. Do ponto de vista humanista, a religião sobrenatural cometeu ao Altíssimo um sacrilégio quase inexplicável: tudo o que parecia emanar do homem, e era belo e adorável, puro e santo, foi atribuído a uma fonte sobre-humana e sobrenatural, enquanto atribuía à natureza humana tudo o que era vil e sórdido. Para glorificar uma divindade transcendente, os sacerdotes e os teólogos arrancavam do coração dos homens, até o último rastro do respeito a si mesmos. Não somente as ações exteriores, mas a própria devoção interior era vista como lodo. Compelindo os homens a desprezarem a si mesmos, forçando-os a envilecer-se à agonia, foram induzidos a prostrar-se conscientes de sua extrema baixeza, aos pés de um Ser que não era nem homem nem natureza, mas que tinha submetido o homem, em corpo e espírito, entre seus tentáculos infatigáveis... Esta doutrina é católica, anglicana, presbiteriana, batista, wesleiana... Todos, todos traíam à natureza superior do homem, mentiam à própria crença de sua personalidade, ao testemunho de sua inteligência e de sua consciência moral. É possível ficar surpreso de que, assim, o povo caía sob a dominação dos sacerdotes e dos príncipes, aliados...? Até hoje acredita-se que um homem que se respeita e trabalha por respeito próprio, carece de religião e de piedade; até hoje, apenas um homem em cem mil atreve-se a identificar esse respeito com o de Deus, ousa erguer dignamente a cabeça com a consciência de seu valor humano, ousa atribuir o mal que leva em si ao erro e à ignorância, e não a uma sinistra predestinação sobrenatural... Hoje, por fim, e apenas hoje, prediz-se a doutrina da imanência do homem e compreende-se que significa a identidade da suprema força redentora do universo, com a enaltecida personalidade de todo homem ou mulher."

VII. ESPONTANEIDADE E EVOLUÇÃO DA MORALIDADE

Esta exaltação mística do respeito à personalidade humana acompanha o conceito, fundamental para Emerson, de que *a bondade é normal e natural*, devendo ver-se o mal como um simples empecilho ou incapacidade de viver normal e integralmente. A maldade pertence à teratologia ou à patologia moral: é uma

JOSÉ INGENIEROS

monstruosidade ou uma enfermidade. São monstros todos os que trabalham contra si mesmos ou contra os demais, todos os que vivem da hipocrisia ou espalham a calúnia, todos os que fingem ou mentem, todos os que ocultam uma partícula da verdade que sabem serve para obter um prêmio ou um benefício, todos os que não se envergonham da indignidade própria ou alentam a indignidade alheia, todos os cúmplices interessados no erro ou na superstição, na injustiça ou no privilégio.

O homem não se diviniza a não ser quando se aproxima a sua moralidade natural, que é a bondade, livrando-se do mal que conspira contra sua própria divinização e contra a dos demais. Porque os resultados da moralidade nunca são individuais, recaem sobre todos. O que mais dificulta a perfeição do homem é sua adaptação a um ambiente de moralidade inferior. Somos todos solidários. O que rebaixa moralmente a nossos semelhantes, também rebaixa-nos; por isso a religião eticista leva a uma fé solidarista inquebrantável e impele a auspiciar todas as reformas que tendem a fundar uma democracia social, abolindo os obstáculos materiais que distanciam o homem de seu aperfeiçoamento moral.

Creem os eticistas que o esforço humano basta para transformar os indivíduos e as sociedades, criando essa verdadeira democracia política e moral que nenhuma nação pode jactar-se de ter realizado ainda. Se a bondade é normal, prevalecerá naturalmente. Em nenhuma parte a vemos perfeita e onipotente; mas sua possibilidade pode ser pressentida no desejo forçado dos homens. Se a experiência permitisse descobrir os meios naturais que intensificaram a dignidade no homem e a justiça na sociedade, seria lógico presumir que a aplicação desses meios conduziria a um aumento progressivo da moralidade individual e social.

Os eticistas ingleses afirmam sua fé com uma certeza e uma esperança impressionantes. Entendem que mesmo renunciando ao sobre-humano e ao sobrenatural, continuam dispondo de todos os meios que foram usados pelas antigas Igrejas para melhorar a

PARA UMA MORAL SEM DOGMAS

humanidade; consideram-se herdeiros de sua longa experiência, de sua disciplina espiritual, de seu conhecimento do coração humano, quer dizer, de todos os instrumentos psicológicos de proselitismo, sem necessidade de conservar nenhum de seus dogmas nem transigir com nenhum de seus erros.

A União das sociedades éticas inglesas proclama o desejo firme de alentar e preparar o estudo científico dos fatos que constituem a experiência moral da humanidade. Reconhece que só especialistas em tais estudos podem fundar essas "ciências morais positivas"; mas, ocupando-se teórica e praticamente das questões morais e sociais, entendem proporcionar aos sábios observações e experimentos úteis, ao em vez de preparar um público capaz de compreender seus resultados. "Não temos, nem teremos nunca, medo da ciência; ao contrário, sua insuficiência, sua detenção perturbar-nos ia. Quanto melhor conhecermos a natureza humana, tanto mais seguros marcharemos para o advento da moral e da justiça. Sempre adaptaremo-nos aos resultados que forem obtidos no estudo da experiência moral mediante os métodos científicos."

"Somente os preconceitos que nascem do orgulho, da avidez, do afã de dominar, dos interesses de classe, do envaidecimento, do desprezo aos pobres e às mulheres, podem cegar o homem a ponto de impedi-lo ver os recursos infinitos de que disporiam as Igrejas de Cristo no dia em que aceitassem as descobertas e as invenções da ciência, usassem-nas e pusessem nelas sua confiança, em vez de esperar uma salvação milagrosa suplicando a espíritos invisíveis e pretendendo ser guiadas por agentes sobrenaturais.

É justo reconhecer que os eticistas ingleses adaptam-se com rigor lógico a essa confiança na ciência e a esse respeito por seus possíveis resultados: do ponto de vista pedagógico, sua atitude é verdadeiramente crítica. Não pretendem que sua religião, suas Igrejas, seus juízos morais, sejam definitivos, nem que possa erigir-se em dogma imutável nenhuma de suas opiniões ou crenças. Creem que seus ideais são reformáveis e perfectíveis; afirmam

165

que a história do desenvolvimento ético e religioso demonstra que os valores morais e tais religiões estão em constante evolução. "Houve no passado muito charlatanismo em questões religiosas e morais; queremos ter a coragem de nossa inevitável ignorância e não nos apresentar como sabendo mais do que podemos saber no estado presente das ciências morais. Por isso, não proclamamos nada que tenhamos por absoluto, nenhuma doutrina que reputemos definitiva e imperfectível. Tomamos como ponto de partida de nosso ensino juízos morais geralmente aceitos no mundo civilizado pelos indivíduos que parecem normais e procuramos intensificá-los ou expandi-los, contribuindo assim para sua evolução, que consiste em depurar a moral corrente de tudo o que é somente tradicional ou convencional, complementando-a, aperfeiçoando-a, acostumando os homens a não conceberem já nenhum ideal que não seja progressivo. A voz do dever ordena augusta e absoluta; mas nosso conhecimento do dever, e a noção que dele fazemos, variam incessantemente. As ciências morais poderiam dar-nos novas interpretações de nossos ideais éticos, sem por isso destruir o fundo humano e social da própria moralidade; e demonstraram-se que algumas de nossas interpretações são errôneas, que alguns de nossos ideais presentes são contraditos pela experiência moral, descobrindo-os nocivos para a dignificação da vida individual e social, submeteríamo-nos a suas demonstrações ou corrigiríamos nossos erros... Por isso, e enquanto se constitua uma ciência positiva da moralidade, não temos a pretensão de antecipar aos homens a verdade absoluta."

Daí não se considerarem obrigados a adotar um critério particular e absoluto do bem, nem preferirem ensinar este ou aquele sistema de moral: isso impediria seu progresso, excluindo determinadas experiências que outros pudessem fazer.

Entre os eticistas há trinitários, unitários, ateus, maometanos, hedonistas, utilitaristas, kantianos; separados antes por seus dogmas ou doutrinas, estão unidos agora por necessidades morais comuns, que geram uma fé análoga no progresso moral da humanidade. Os únicos excluídos são os incapazes de fazer um esforço para melhorar sua conduta e de somar sua vontade a todas as outras que perseguem a solidariedade no bem. Esta comunidade de ideais e de ação moral é o que constitui a crença de uma Igreja; todas as que a história conhece, enquanto foram úteis à humanidade, foram verdadeiras sociedades éticas. Falsas concepções que foram difundidas no mundo, e em certos casos depressivas, foram apartando-se de sua primitiva finalidade natural e humana. Por isso, os eticistas não se declaram inimigos das Igrejas cristãs; não querem destruí-las nem suplantar sua influência no mundo, mas reformá-las e aperfeiçoá-las, infundindo-lhes uma maior preocupação pelo progresso moral e purgando-a de todo seu dogmatismo teológico. Esse seria o caminho para a unidade de crenças de toda a humanidade; essa seria a única atitude religiosa que todos os homens poderiam subscrever sem reservas, sem temor às ciências que constroem a verdade, com a que nunca poderá estar em dissidência aquilo que é moral. Ambas emanam da natureza, convergem a ideais comuns de dignificação humana.

VIII. SÍNTESE DO PENSAMENTO ETICISTA

A característica do eticismo, em suma, não é a simples afirmação da "soberania da moral", para repetir o título do ensaio de Emerson, mas sua convicção de que *a moralidade é natural e humana, independente de todo dogma religioso e de toda especulação metafísica*. A moralidade pode nascer, desenvolver-se, prosperar, alcançar sua máxima plenitude e intensidade, sem ter por fundamento a noção de realidades sobrenaturais, a ideia de uma divindade transcendente ou de uma vida após a morte. Essas hipóteses, que parecem inúteis, podem ser nocivas ao desenvolvimento da moralidade, enquanto expulsam da conduta

JOSÉ INGENIEROS

humana os estímulos e as sanções que favorecem nossa perfectibilidade. Triste, miserável virtude, a daqueles homens que não poderiam tê-la senão como resultado de uma imposição dogmática ou como simples negócio usurário para depois da morte! Infelizes escravos, não homens, os que em sua própria consciência moral não poderiam encontrar conselhos para viver com dignidade, respeitando-se a si mesmos, e com justiça, respeitando aos seus semelhantes! Força é reconhecer que não carecem de lógica os eticistas quando afirmam que o sobrenatural é um perigo para o natural, e o teológico para o ético, e o dogmatismo para a perfectibilidade, e a superstição para a virtude.

Querem eles constituir uma religião exclusivamente humana. Em todos os seus escritos percebe-se a firme tendência a propiciar o advento de um regime social em que tenham uma parte crescente a solidariedade e a justiça; e mostram, também, uma confiança otimista que concilia seu misticismo com os métodos das ciências contemporâneas, crendo na benfeitora fecundidade de suas aplicações práticas à felicidade humana. Não temem que a Verdade possa, em momento algum, diminuir o coeficiente meio de Virtude difundido no mundo. Emancipando a moralidade de todo dogmatismo, afirmam que a Verdade só pode ser temida pelos que veem na ignorância, na mentira e na superstição, os meios de perpetuar a maldade representada pela injustiça e a dor cimentada no privilégio. E creem, com bela firmeza, que se os homens conseguem pôr algum dia toda sua fé, a mais ardente, a mais incontrastável, a mais devota, em ideais nascidos da Experiência Moral, terá desaparecido o conflito eterno entre a inteligência racional e o sentimento místico, entre a Ciência e a Fé – só incompatíveis quando um termo busca a Verdade e o outro assenta-se no Erro – , irmanadas para sempre quando a religião do Ideal Moral purga de suas maldades tradicionais o caminho que leva o indivíduo à dignidade, que leva a sociedade à justiça.

IX. O PORVIR DO ETICISMO

Organizar-se-á definitivamente como uma Igreja sem doutrinas para cultivar uma moral sem dogmas? Confesso que o eticismo inspira-me muita simpatia e que não considero perdidos os momentos que consagrei a visitar suas sociedades e a ler seus escritos; apesar disso, não poderia predizer se, em sua forma atual ou transformando-se, está destinado a alcançar uma grande difusão. Em todos os países da Europa civilizada existem associações animadas por esse mesmo espírito, com nomes análogos ou diferentes; mas em todos, é bom reconhecê-lo, sua esfera de ação é mais qualitativa que quantitativa: agrupam homens de moralidade superior, cujo temperamento místico coincide com uma inconformidade religiosa. Podem chegar a constituir uma Igreja para as minorias seletas que necessitem de um ambiente organizado para desenvolver seu misticismo; isso mesmo excluirá delas o número exíguo de homens que não possuem um temperamento místico.

A massa dos crentes, se fosse apartada das Igrejas atuais, preferiria vincular-se às novas religiões cristãs cujo sentido prático e social torna-as mais humanas que as antigas. Os incapazes de crer em uma religião, possuindo temperamento místico, serão atraídos sempre por essas grandes correntes de renovação política e social, que equivalem na prática a verdadeiras religiões da humanidade.

Evoluirão as demais Igrejas atuais a uma moral sem dogmas? Sem dogmas, não; com menos dogmas, sim. Basta recordar a influência do unitarismo e do transcendentalismo sobre todas as Igrejas norte-americanas; esse é o sentido geral da evolução religiosa contemporânea, no mundo civilizado; cada Igreja tem em seu seio um "modernismo" que depura incessantemente seus dogmas. É indubitável que os teólogos do século XX aprenderam coisas que não suspeitavam os do XV; em nenhuma Faculdade ou Seminário de Teologia seria possível estudar um tratado de cinquenta anos, fora de seu interesse histórico ou literário; as

Igrejas, para defender seus dogmas; foram obrigadas a adaptá-los aos resultados menos inseguros das ciências contemporâneas. Revisando os livros de texto usados na Universidade Católica de Lovaina e na Divinity School de Harvard, tenho pensado com calafrios na fogueira que teria carbonizado seus autores se tivessem-nos escrito há três séculos.

Com isto quero expressar a vocês que as maiores Igrejas euro-americanas experimentaram grandes progressos, precursores de outros que atenuarão gradualmente seu dogmatismo. Como cada uma delas só polariza uma parte limitada das crenças sociais, é natural que chegue até os concílios dos teólogos o eco do que se passa fora de cada Igreja; vimos que a ética social já corrigiu em alguns países a ética dos teólogos e podemos presumir que toda nova efervescência moral terá repercussões semelhantes. Deste ponto de vista considero legítimo supor que o eticismo puro pode ter uma influência indireta, desdogmatizando pouco a pouco as morais teológicas mais difundidas.

Certos modos de pensar e de sentir, ainda que adotados por poucos, constituem um termo obrigatório de comparação aos que pensam e sentem de outra maneira; pouco importa que não tenham um êxito de proselitismo, sua eficácia consiste em que não podem prescindir deles os mesmos que se propõem a combatê-los.

É uma ação indireta, dirão vocês, mas existe e é benéfica. Todavia, não é a única. Em horizontes mais reduzidos, para a minoria culta a que pouco antes referíamo-nos, as associações éticas são de utilidade direta. Basta pensar que oferecem um ambiente de educação moral intensiva a muitos homens que não creem em nenhum dogma religioso e que isolados estão expostos a cair no diletantismo, no ceticismo ou no pessimismo moral; pelo funesto hábito de associar sua moralidade a sua religião abandonada, estão expostos a afrouxar a tensão de sua conduta privada e cívica, confundindo a boa tolerância doutrinal de todas as ideias com a atestável tolerância prática a todos os vícios.

PARA UMA MORAL SEM DOGMAS

Reconheçamos que esse perigo existe; ninguém poderia negar sua gravidade a partir de uma cátedra sem descartar a responsabilidade social que aceita ao ocupá-la. E a solução contra esse perigo – depois do exemplo pessoal, que é sempre a lição mais fecunda – está em fomentar toda nova forma de experiência moral que possa suprir as já impraticáveis. O homem que abandona seus dogmas religiosos está obrigado a intensificar sua moral prática, a ser melhor filho e melhor pai, melhor amigo e melhor marido, melhor trabalhador e melhor cidadão. A *obrigação social* não é menor que a teológica ou a metafísica; a *sanção social* é tão severa como a divina ou a racional... Se entre os homens que já não creem nas religiões dogmáticas, muitos carecem de energias morais suficientes, não é desejável que as sociedades éticas proporcionem-lhes um ambiente propício para que sua moralidade seja afirmada e aperfeiçoe-se?

Basta reconhecer que existe um perigo, para que não seja desdenhável nenhum meio que contribua a evitá-lo. Vocês sabem – da vergonha de dizê-lo – que alguns apontam como único remédio a volta aos dogmatismos tradicionais repudiando completamente todas as verdades que há um século os contradizem, ou os comprometem. Não hesitemos em declarar, em alta voz e em nome de nossos filhos, que perseguir a moralidade pelo preço do erro deliberado – que é a mentira – nos parece a mais irreparável das imoralidades.

Os eticistas, sem distinção de matizes, querem que a verdade, a voz profunda com que fala aos homens a natureza, seja respeitada. Nunca propõem reprimi-la; preferem depurar os velhos ideais éticos de todos os seus elementos dogmáticos, aperfeiçoando-os e elaborando novos ideais.

Existe, não nos esqueçamos, outro aspecto da questão, mais importante para o porvir. As sociedades éticas não descuidam do problema da educação moral no ensino; é a única coisa prática para o porvir.

As nações civilizadas já expressaram sua vontade de que a escola pública abstenha-se de utilizar alguns dos dogmas religiosos professados por seus cidadãos. Afirmemos também a necessidade de intensificar nela a educação moral, preparando as gerações futuras para essa tolerância recíproca das crenças que é a própria base da solidariedade social. Só pela obra da escola marchará a humanidade para uma moral sem dogmas; só por ela poderão os homens de amanhã repetir o lema das sociedades éticas: *Os dogmas dividem os homens; o ideal moral os une.*

ANEXO

ESBOÇO DE UMA MORALIDADE SEM OBRIGAÇÃO OU SANÇÃO

Jean-Marie Guyau 1885

Como conclusão, seria útil resumir as principais ideias que nós desenvolvemos neste trabalho.

Nossa meta era descobrir o que seria uma moralidade sem uma obrigação e uma sanção absolutas, e até onde a ciência positiva pode seguir nesta direção, e onde começa a especulação metafísica. Deixando de lado como uma questão metodológica qualquer lei anterior e superior aos fatos, e, por conseguinte, *a priori* e categórica, tivemos que tomar os fatos como ponto de partida para formular uma lei; da realidade extraímos um ideal, e da natureza uma moralidade. É um dado que o fato essencial e constitutivo de nossa natureza é que nós somos seres vivos, sensíveis e pensantes: faz parte da vida, tanto em suas formas físicas quanto morais, que nós tivemos que perguntar pelo princípio de conduta.

É indispensável que este princípio ofereça uma característica dual, porque a vida em si é dupla no homem na forma de vida inconsciente e consciente. A maioria dos moralistas só vê a esfera do consciente; contudo, é o inconsciente ou o subconsciente que representa a verdadeira base de atividade. É verdade que a consciência pode agir no final das contas e gradualmente destruir pela clareza de análise o que a síntese obscura da hereditariedade acumulou em indivíduos ou povos. A consciência tem uma força dissolvente que as escolas utilitaristas, e até mesmo a evolucionista, não levaram em conta o suficiente. Disto flui a necessidade de restabelecer a harmonia entre reflexão de consciência e a espontaneidade do instinto inconsciente; um princípio de ação que seja comum às duas esferas deve ser encontrado e que, por conseguinte, pela tomada de consciência de si, chegue a se fortalecer e não a se destruir.

Acreditamos que ter encontrado este princípio na vida mais intensa e extensa possível, em seus significados físicos e mentais. A vida, ao tornar-se consciente de si mesma, de sua intensidade e extensão, tende a não se destruir, não faz nada mais que aumentar sua própria força.

Contudo, também há, na esfera da vida, antinomias que são produzidas pelo esforço de indivíduos, pela competição entre seres pela felicidade e, às vezes, pela existência. Na natureza, a antinomia da *luta pela vida* não está resolvida em nenhum aspecto: o sonho de moralidade deve solucioná-la ou, pelo menos, reduzi-la tanto quanto possível. Para fazer isto o moralista é tentado a invocar uma lei superior à própria vida, uma lei inteligível, eterna e sobrenatural. Renunciamos invocar esta lei, pelo menos como lei: nós re-colocamos o mundo inteligível no mundo das hipóteses, e uma lei não pode ser proveniente de uma hipótese. Assim nós somos mais uma vez forçados a apelar à vida para regular a própria vida. Portanto, é uma vida mais completa e maior que pode regular uma menos completa e menor. Na realidade, esta é a regra única para uma moralidade exclusivamente científica.

O caráter de vida que nos permitiu unir em certa medida egoísmo e altruísmo – uma união que representa a pedra filosofal dos moralistas – é o que chamamos fecundidade moral. A vida individual deve se propagar a outros, em outros, e se necessário, ser dada. Esta expansão não é contra sua natureza; mais ainda, é a própria condição da vida verdadeira. A escola utilitarista foi forçada a parar, de maneira um tanto hesitante, diante desta antítese perpétua ao eu e você, ao meu e seu, ao meu interesse pessoal e nosso interesse geral. Mas a natureza viva não se detém diante desta divisão clara e logicamente inflexível. A vida individual é expansiva a outros porque é fértil, e é fértil precisamente porque é vida. De um ponto de vista físico, vimos, que gerar outro indivíduo é uma necessidade individual, tanto que este outro torna-se uma verdadeira condição de nós mesmos. Como o fogo, a vida só se preserva pela transmissão. E isto não é menos verdadeiro a respeito da inteligência do que do corpo: é tão impossível aprisionar a inteligência dentro de si como é com uma chama: ela é feita para se difundir. A sensibilidade tem a mesma força expansiva: temos que compartilhar nossa alegria, temos que compartilhar nossa dor. Todo nosso ser é sociável. A vida não conhece as classificações e divisões absolutas dos lógicos e metafísicos. Não se pode ser completamente egoísta, mesmo querendo sê-lo. Estamos abertos de todos os lados, e somos invasores e invadidos por todos os lados. Isto flui da lei fundamental que a biologia nos proporcionou: a vida não é apenas nutrição, é produção e fertilidade. Viver significa gastar tanto quanto adquirir.

Depois de ter apresentado esta lei geral da vida física e psíquica, buscamos um modo de derivar desta um tipo equivalente de obrigação. Em resumo, o que é obrigação para alguém que não admite uma lei imperativa absoluta ou transcendente? É certa forma de impulsão. Na realidade, analisar "obrigação moral", "dever" e "lei moral"; o que lhes dá o seu caráter ativo é a impulsão que lhes é inseparável, é a força que exige ser exercida. É esta força impulsiva que nos pareceu ser o equivalente primário natural de dever sobrenatural. Os Utilitaristas ainda estão muito absorvidos por considerações de finalidade; estão completamente envolvidos com a finalidade, que para eles é utilidade, que é em si redutível ao prazer. São hedonistas, isto é, fazem dos prazeres, de uma forma egoísta ou simpática, a grande fonte da vida mental. Nós, pelo contrário, partimos do ponto de vista da causalidade eficiente, e não da finalidade; nós notamos em nós uma causa que age mesmo diante da atração de prazer como um fim. Esta causa é a vida, que tende por sua própria natureza a crescer e espalhar-se, vendo assim o prazer como uma consequência, mas não tomando isto necessariamente como um fim. O ser vivo não é pura e simplesmente calculista, *à la* Bentham, um especialista em finanças que conta em seu grande livro de notas lucros e perdas: viver não é calcular, é agir. No ser vivo há um acúmulo de força, uma reserva de atividade que é gasta não pelo prazer de ser gasta, mas porque deve ser gasta. Uma causa não pode produzir seus efeitos mesmo sem consideração do fim.

Um terceiro equivalente do dever é emprestado da sensibilidade e não, como o precedente, da inteligência e atividade. É a fusão crescente de sensibilidades, e o sempre crescente caráter sociável de prazeres elevados, do que resulta um tipo de dever ou necessidade superior que nos empurra natural e racionalmente na direção dos outros. Por conta da evolução, nossos prazeres crescem e tornam-se incrivelmente impessoais; não podemos experimentar desfrutar de nós mesmos como se estivéssemos em uma ilha deserta. Nosso ambiente, para o qual nos adaptamos melhor diariamente, é a sociedade humana e não podemos mais ser felizes fora deste ambiente, como não podemos respirar fora do ar. A felicidade puramente egoísta de certos epicuristas é uma quimera, uma abstração, uma impossibilidade; os verdadeiros prazeres humanos são todos mais ou menos sociais. O egoísmo puro, em lugar de ser uma afirmação do ego, é uma mutilação do mesmo.

Assim, em nossa atividade, em nossa inteligência, em nossa sensibilidade, há uma pressão exercida na direção do altruísmo; há uma força expansiva tão poderosa quanto aquela que atua nas estrelas. E é esta força expansiva, tornada consciente de seu poder, a que se dá o nome de dever.

Esta é a abundante espontaneidade natural que representa a vida, e que ao mesmo tempo cria riqueza moral. Mas como vimos, a reflexão pode ser encontrada na antítese à espontaneidade natural; pode trabalhar na contenção do poder e da obrigação da sociabilidade, quando a força expansiva para outros encontra-se por casualidade em oposição à força de gravitação para o ego. Por mais que a luta pela vida possa ser diminuída pelo progresso da evolução, ela reaparece em certas circunstâncias que ainda são frequentes em nosso tempo. Sem uma lei imperativa, como levar o indivíduo a um desinteresse definitivo, às vezes à abnegação?

Independentemente dos motivos que previamente examinamos e que estão em ação constante em circunstâncias normais, achamos outros aos quais chamamos o amor de risco físico e o amor de risco moral. O homem é um ser apaixonado pela especulação, não só teoricamente, mas na prática. Nem seu pensamento nem sua ação detêm-se onde cessa a certeza. Uma hipótese especulativa pode sem qualquer perigo substituir uma lei categórica; da mesma maneira, uma esperança pura substitui uma fé dogmática e uma ação por uma afirmação. Uma hipótese especulativa é um risco do pensamento; o ato em conformidade com esta hipótese é um risco da vontade: o ser supremo é aquele que empreende e arrisca o máximo quer em pensamento, quer em ato. Esta superioridade flui do fato de que tem uma maior riqueza de força interna, tem mais poder, por isso, tem uma maior obrigação.

O próprio sacrifício da vida pode, em certos casos, ser uma expansão da vida, tornar-se intenso o bastante para preferir um élan de exaltação sublime a anos de mediocridade. Há horas em que é possível dizer ambos: eu vivo, eu vivi. Se certas agonias físicas e morais duram anos, e se podemos, por assim dizer, morrer para nós mesmos por toda uma existência, o oposto também é verdade, e podemos concentrar uma vida em um momento de amor e sacrifício.

Finalmente, da mesma maneira que a vida faz disso seu dever para agir por causa de seu próprio poder para agir, também cria sua própria sanção por sua própria ação, pois ao agir recebe a alegria em si mesmo: agindo menos desfruta menos, agindo mais desfruta mais. Até mesmo dando-se vida acha-se vida, até mesmo agonizando fica-se consciente de sua plenitude; que reaparecerá indestrutível em outras formas, visto que no mundo, nada se perde.

Em resumo, é a força de vida e ação que sozinhas podem solucionar, se não completamente, pelo menos em parte, os problemas impostos pelo pensamento abstrato. O cético, em moralidade como em metafísica, pensa que erra, ele e os outros, que a humanidade sempre errará, que o chamado progresso é de fato um marchar no mesmo lugar: ele está errado. Não vê que nossos pais pouparam-nos dos erros que cometeram, e que pouparemos nossos descendentes dos nossos. Não vê que em todos os erros também há verdade, e que esta pequena poção de verdade irá pouco a pouco crescer e ficar mais forte. Por outro lado, aquele que tem uma fé dogmática acredita que possui, diferente dos outros, a inteira, e definida verdade imperativa: ele está errado. Ele não vê que há erros misturados em qualquer verdade, que não há nada ainda no pensamento do homem que seja perfeito o bastante para ser definitivo. O primeiro acredita que a humanidade não avança, o segundo que já avançou ao máximo. Há um ponto mediano entre estas duas hipóteses: é preciso dizer que a humanidade está em marcha e marcha sozinha. O trabalho é, como dizem, digno de oração: vale mais que oração, ou ainda é a verdadeira oração, a verdadeira providência humana: ajamos em vez de rezar. Tenhamos esperança apenas em nós mesmos e em outros homens, contemos apenas conosco mesmos. A esperança como a providência, às vezes vê o que está diante de si (*providere*). A diferença entre providência sobrenatural e esperança natural é que uma reivindica modificar a natureza imediatamente utilizando de meios sobrenaturais, como os seus, enquanto a outra a princípio, só modifica a nós mesmos. É uma força que não é superior a nós, mas é interna: somos o que esta força contém. Permanece a ser conhecida se nós formos sós, se o mundo nos segue, se o pensamento ainda pode trazer a natureza consigo: mas sigamos adiante. É como se estivéssemos no leviatã do qual uma onda quebrou o leme e o vento seu mastro. Estava perdido no oceano, como nossa terra, no espaço. Viajava dirigido pela casualidade, empurrado pela tempestade, como um grande naufrágio que carrega os homens. E ainda assim chegou. Talvez nossa terra, talvez a humanidade, chegue a uma grande meta desconhecida que terá se criado. Nenhuma mão nos guia, nenhum olho vela por nós. O leme esteve por muito tempo quebrado. Ou nunca houve um; tem que ser construído. É uma grande tarefa, e é uma tarefa nossa.

Impresso nas oficinas da
SERMOGRAF - ARTES GRÁFICAS E EDITORA LTDA.
Rua São Sebastião, 199 - Petrópolis - RJ
Tel.: (24)2237-3769